책내음 교과서 인물 시리즈

해상왕 장보고

그린이 홍인천

다수의 그림책과 학습지, 기업 홍보물에 그림을 그렸습니다.
《해상왕 장보고》를 통해 아이들의 꿈이 바다처럼 넓어졌으면 좋겠습니다.

해상왕 장보고

1판 1쇄 인쇄 2014년 04월 28일 **1판 1쇄 발행** 2014년 05월 02일

글쓴이 김원석　**그린이** 홍인천

펴낸곳 (주)중앙출판사　**주소** 경기도 파주시 문발동 526-8 1층
펴낸이 이상호
편집책임 조지훈　**편집** 한라경　**디자인** 박미림
마케팅 이홍철 김경연

등록 제406-2012-000034호(2011.7.12.)
구입 문의 031-955-5887　**편집 문의** 031-955-5888　**팩스** 031-955-5889
홈페이지 www.bookscent.co.kr　**이메일** master@bookscent.co.kr

- 이 책의 띄어쓰기와 맞춤법은 국립국어원의 기준에 따랐습니다.
- **사진 자료 제공** 완도군청 · 전쟁기념관 · 장보고기념관

ISBN 978-89-97357-56-7 74900
ISBN 978-89-97357-49-9 (세트)

책내음은 (주)중앙출판사의 유아 · 아동 브랜드입니다.

책내음 교과서 인물 시리즈

해상왕 장보고

소중한 꿈

여러분의 꿈은 무엇인가요? 그 꿈을 이루고 싶다면 소중한 꿈을 이룬 장보고의 이야기를 읽어 보세요.

장보고는 장군이 되겠다는 큰 꿈을 안고 당나라로 건너갑니다. 당시 신라에서는 어부의 아들이 장군이 될 수 없었기 때문이지요. 그래서 장보고에 대한 이야기는 외국 기록에 더 많이 남아 있습니다.

그중 엔닌(일본 중)의 《입당구법순례행기》에 장보고는 친구 정년(鄭年)과 함께 어렸을 때 당나라에 가서 무령군(武寧軍) 소장(小將)을 지냈고, 말을 타고 창을 쓰는데 아주 뛰어났다고 기록되어 있습니다.

일본 교토의 적산서원은 일본 천태종의 시조를 모신 곳이에요. 그런데 이곳에 활을 든 영정(제사나 장례를 지낼 때 위패 대신 쓰는, 사람의 얼굴을 그린 족자)이 모셔져 있습니다. 그 영정은 일본 사람이 아닙니다. 바로 바다를 주름잡던 '바다의 왕' 장보고입니다.

중국 산둥반도 영성시의 적산법화원에서도 장보고의 영정을 볼 수 있습니다. 9세기 때 서남해 바다의 해적을 얼씬도 못하게 하고, 당나라와 일본을 상대로 국제무역을 했던 장보고는 이처럼 우리 역사보다 중국과 일본 역사에 더 자세히 소개되어 있습니다.

당나라 최고 시인인 두목(杜牧)은 《번천문집》에 장보고 편을 따로 만들어 장보고의 일대기를 아주 자세하게 다루었습니다. 두목은 장보고를 뛰어난 머리를 가진 동방에서 가장 훌륭한 사람이라고 했습니다.

이밖에도 장보고에 대한 기록은 중국의 《신당서》, 일본의 《일본후기》《속일본기》《속일본후기》, 우리나라의 《삼국사기》《삼국유사》에 전해집니다.

보잘것없는 집안에서 태어난 장보고가 어떻게 국제적인 인물이 될 수 있었을까요? 그에게는 '꿈'이 있었기 때문입니다.

꿈을 향해 노력한 장보고는 당나라에서 군대의 중간 관리자가 되었지만 그는 여기서 멈추지 않았습니다. 그리고 신라로 돌아와 우리 땅에서 장군이 되었지요.

여러분도 장보고처럼 꿈을 가꾸고 키워 보세요. 그 꿈은 꼭 이루어질 것입니다.

김 원 석

차례

나는 신라 사람 8

당나라로 26

새로운 땅에서 38

장원 52

신라 노예들 70

조국의 품으로 ········ 82

왜적을 물리치고 ········ 96

바다의 사나이 ········ 108

큰 별이 지다 ········ 116

나는 신라 사람

    남해의 작은 섬 청해진에 한 소년이 살고 있었습니다. 소년은 수영을 아주 잘했고 누구보다 바다에 대해서 잘 알았습니다. 갈매기가 나는 것을 보고 내일의 날씨를 알아맞히기도 했습니다.
    "나도 물고기였다면 얼마나 좋았을까! 내가 물고기였다면 저 넓은 바다를 마음껏 헤엄쳐 다녔을 텐데."
    무더운 어느 여름날이었습니다. 소년은 오늘도 바다

에서 헤엄을 치고 있었습니다. 구름도 더위를 피하는지 하늘에는 구름 한 점 없는 무더운 날이었습니다. 그 더위를 쫓아 보려 바람 한 자락이 솔숲을 달려가고 있었습니다.

이 작은 섬은 당나라로 가는 뱃길의 길목이기도 해서 이곳 포구(배를 대는 작은 항구)에는 당나라의 무역선도 가끔 정박해 있었습니다. 그러나 소년이 헤엄치고 있는 바다에는 배도, 사람의 그림자도 전혀 보이지 않았습니다.

소년은 한 마리의 물고기인 듯 드넓은 바다를 자유로이 헤엄쳤습니다. 소년은 한동안 헤엄을 치다가 바닷가로 나와서 바위 위로 올라앉았습니다.

"날이 푹푹 찌고 갈매기가 낮게 나는 걸 보니 오늘 밤에는 비가 올지도 모르겠는데."

소년은 중얼거리다가 무엇인가를 골똘히 생각했습니다.

'좀 더 넓은 곳으로 가서 꿈을 이루고 싶어.'

바로 그때였습니다.

"궁복이 형님! 궁복이 형님!"

소년의 이름을 부르는 소리가 파도 소리와 어울려 들려왔습니다.

궁복이라는 이름은 활을 잘 쏜다고 하여 붙여진 이름이었습니다.

"궁복이 형님, 궁복이 형님."

소년은 궁복이 대답을 안 하자 또다시 불렀습니다.

'분명 나를 부르는 소리인데.'

궁복은 자리에서 일어나 사방을 둘러보았습니다. 모래사장에도, 솔숲에도, 바다에도 사람의 모습은 보이지 않았습니다.

'이상하다. 분명 나를 불렀는데. 잘못 들었나?'

궁복은 다시 주저앉았습니다.

그때였습니다.

"궁복이 형님! 궁복이 형님……."

다시 부르는 소리가 들렸습니다.

궁복은 밀려오는 파도를 바라보았습니다. 밀려오는 파도 사이로 어떤 물체가 떴다, 가라앉았다하며 함께 오고 있었습니다.

'이상하다! 저게 뭘까? 대낮에 물귀신은 아닐 테고.

물귀신이라면 한판 붙어 보자.'

궁복은 두 주먹을 불끈 쥐었습니다. 궁복은 어려서부터 배짱이 두둑했습니다.

그때, 파도 속에서 물체가 벌떡 일어섰습니다.

"놀랐죠? 형님, 저예요! 하하하!"

파도 속에서 나타난 것은 정년이었습니다.

정년은 궁복을 친형처럼 따랐습니다.

궁복은 정년을 만난 것이 반갑기도 하고, 자기를 골려 화가 나기도 했습니다.

"정년이 너, 형을 놀려? 잡히면 혼내 줄 테다."

두 소년은 모래사장을 뛰어다니다 땀이 나는지 물속으로 뛰어 들어갔습니다.

정년은 궁복보다 헤엄을 잘 치고 자맥질(물속에서 팔다리를 움직이며 떴다 잠겼다 하는 것)도 잘했습니다. 정년은 물에 들어갔다 하면 물속으로 헤엄쳐 50리나 갈 수 있었습니다. 그러니 궁복이 쫓아가도 물속에서는 정년을 따라잡을 수가 없었습니다.

"형님 잘못했어요."

정년은 물가로 나와 쫓아오는 궁복에게 말했습니다.

두 소년은 바위 위에 나란히 앉았습니다.

"언제 왔어?"

궁복이 물었습니다.

"아까 왔어요. 헤엄치고 있는데 형님이 바위 위에 앉아 있는 걸 보고 장난친 거예요."

"그래도 그렇지."

두 소년은 서로 장난치며 웃었습니다.

'철썩, 쏴아, 철썩'

파도치는 소리가 두 소년의 말을 잠시 막았습니다.

"정년아, 나 말이야, 여기를 떠나 먼 곳으로 가고 싶어."

궁복이 입을 열었습니다.

"여길 떠나다니요, 그게 무슨 말이에요, 형님?"

"나도 잘 모르겠어. 큰 나라에 가서 살아 보고 싶어. 난 어부가 되기 싫거든."

궁복은 당나라 배가 머무는 쪽을 바라보며 말했습니다.

"당나라에 가고 싶은 거예요?"

당나라라는 말에 궁복의 눈이 빛났습니다.

"당나라는 우리나라보다 훨씬 크고 잘산다지? 큰 나라에 가면 내 꿈을 이룰 수 있을거야."

"형님, 거길 어떻게 가요. 우리 그런 이야기는 그만두고 헤엄이나 쳐요."

"그래. 우리 시합하자."

궁복은 정년의 말에 따라 헤엄치기 시합을 하자고 했지만, 마음 한구석에는 당나라가 박혀 있었습니다.

"저기 저 섬 보이지? 거기까지 누가 먼저 가나 시합하는 거야."

"지는 사람은요?"

물개처럼 헤엄을 잘 치는 정년이 물었습니다.

"지는 사람은 이기는 사람에게 전복 열 개 따 주기."

"좋아요!"

두 소년은 바다에 뛰어들어 헤엄을 쳤습니다.

시합을 하나마나 궁복이 졌습니다. 궁복은 물에 들어가 전복을 열 개 따 주었습니다.

시합에 지고 가만히 있을 궁복이 아니었습니다.

"수영에서는 내가 졌다."

"형님, 칼싸움하자는 거죠? 형님한테 받은 전복 다 줄 테니까 시합은 내일 하죠."

정년이 지친 목소리로 말했습니다.

"좋아. 그럼 시합 말고 연습만 하자."

궁복이 앞서 가고 정년이 뒤따랐습니다. 궁복이 간 곳은 마을 뒷산이었습니다. 궁복은 감춰 두었던 나무로 만든 칼을 풀숲에서 찾아 찌르기, 막기, 내려막기 연습을 했습니다. 지쳐 있던 정년도 가만있지 않고 함께 연습을 했습니다. 나무칼을 쓰는 것이나 활을 쏘는 것은 정년보다 궁복이 훨씬 앞섰습니다.

그날 저녁, 궁복의 어머니는 아들을 찾았습니다. 아무리 찾아도 궁복은 마을에 없었습니다. 어머니는 궁복이 잘 가는 뒷산으로 갔습니다.

"얍! 으랏찻차! 얍!"

요란한 기합 소리가 들려왔습니다. 궁복은 정년과 함께 칼싸움 연습을 하고 있었습니다. 두 소년은 틈만 나면 뒷산에서 무예를 닦았습니다.

"궁복아, 저녁 먹어야지."

"네 어머니, 정년이도 같이 가면 안 돼요?"

"안 되긴 왜 안 되니? 그런데 이 녀석들아, 너희들은 밤낮 칼싸움 연습만 하니?"

어머니는 아들이 걱정스러웠습니다.

저녁을 먹고 정년을 집으로 보낸 후 어머니가 궁복을 불렀습니다.

"궁복아, 안방으로 오너라."

"예. 어머니."

어머니는 등잔불을 밝히고 다소곳이 앉아 있었습니다.

"궁복아 넌 커서 어떤 사람이 되고 싶으냐?"

"……."

"이 다음에 되고 싶은 게 없니?"

"어머니, 저는 장군이 되고 싶어요. 다른 나라로부터 우리나라를 지키는 장군 말이에요."

"장군이 되겠다고…… 그야 좋지. 그렇지만……."

어머니의 목소리에는 힘이 없었습니다.

궁복은 어머니가 왜 그러는지 알 수 없었습니다.

"궁복아, 네 아버지가 뭐하는 사람인지 잘 알지?"

뜻하지 않은 어머니 물음에 궁복은 이상한 생각이 들었습니다.

"그건 왜 물으세요? 아버지는 고기를 잡는 어부지요."

"그래, 아버지는 물론 네 할아버지도 배를 타고 물고기를 잡던 어부였지."

"그런데 왜 그러세요?"

"이 나라에서 어부는 아주 천한 사람이란다. 우리 신라에서는 천한 사람은 장군이 될 수 없어. 그러니까 네가 아무리 열심히 무예를 닦아도 소용이 없단다."

어머니는 눈물을 흘리고 말았습니다.

궁복이 살던 때는 통일신라 헌덕왕 때로 신분제도가 엄했습니다. 그래서 고기잡이나 농사짓는 사람들을 천하게 여겼습니다. 이런 천한 신분의 사람이 출세를 한다는 것은 낙타가 바늘구멍에 들어가는 것 만큼 힘들었습니다.

"아버지가 어부니까 저도 아버지를 따라 어부가 되어야 한다는 말씀이세요?"

궁복은 마음이 답답했습니다. 이제야 어머니가 왜 힘없이 말하는지 알 것 같았습니다. 아무리 활을 잘 쏘고 칼 솜씨가 뛰어나도 장군이 될 수 없다니…….

고기 잡는 사람이나 양반이나 다 똑같은 사람이었습니다. 그런데 신분이 천하다는 까닭으로 꿈을 이룰 수 없다니, 이해가 가지 않았습니다.

"어머니, 저는 꼭 장군이 될 거예요. 두고 보세요."

궁복은 분을 못 참고 정년의 집으로 달려갔습니다.

"정년아, 집에 있어?"

"형님, 웬일이세요?"

정년이 들창을 열었습니다.

"마음이 답답해서 왔어."

"형님, 무슨 일이 있었군요?"

궁복과 정년은 산 밑에 있는 사람이 살지 않는 오두막집으로 갔습니다. 이 집은 아이들이 비밀리에 모이는 곳이었습니다.

시꺼먼 하늘에는 보름달이 둥실 떠 있었습니다. 시냇물이 졸졸졸 노란 달빛에 젖어 흘렀습니다.

두 소년은 나란히 앉아서 달빛을 보며 잠자코 있었습니다.

"정년아, 너 당나라에 안 갈래?"

침묵을 깨고 궁복이 먼저 말을 꺼냈습니다.

갑작스런 물음에 정년은 놀라는 듯했습니다.

"우리 당나라에 가자."

궁복이 다시 한번 말했습니다.

"당나라에요?"

"응. 너도 아버지를 따라서 어부가 될 거야?"

"그럼 어떻게 해요?"

"나는 당나라로 가서 장군이 될 거야."

"그 먼 길을 어떻게 간단 말이에요? 부모님은 또 어떻게 하고요?"

"부모님도 우리가 장군이 되어 돌아오면 좋아하실

거야. 당나라에는 무역선을 몰래 타고 가면 돼. 신라에서는 아무리 애를 쓴다고 해도 우리는 장군이 될 수 없어. 너와 내가 무술이 아무리 뛰어나도 우리가 천민이어서 아무것도 될 수가 없대."

"그건 저도 알고 있어요."

"나는 좀 더 큰 세상으로 가서 꿈을 이루고 싶어. 당나라에서는 자기만 열심히 하면 무엇이든 될 수 있대. 정년아, 나와 당나라에 가자."

궁복은 힘 있게 말했습니다. 궁복의 눈이 빛나고 있었습니다. 벌써 당나라에 가기로 마음을 굳힌 것 같았습니다. 정년은 갑작스런 궁복의 말에 한동안 말도 못하고 눈만 껌벅거리고 있었습니다.

고향을 버리고 전혀 모르는 남의 나라에 간다는 것이 두려웠던 것입니다. 그렇지만 궁복과 함께라면 어떤 일도 해낼 수 있을 것만 같았습니다. 게다가 제일 좋아하는 궁복이 형이 당나라에 가 버리면 외로워서 혼자

못 견딜 것 같았습니다.

"형님, 당나라에 가면 정말 우리도 장군이 될 수 있을까요?"

"그럼, 장군이 될 수 있어."

두 소년은 얼굴을 마주 보았습니다. 정년이 고개를 끄덕이며 말했습니다.

"좋아요, 저도 따라갈게요."

"잘 생각했어. 정년아 우리 둘만 갈 게 아니라, 가겠다는 아이들을 모으자. 여럿이 가면 힘이 될 거야."

"가려는 애들이 있을까요?"

"그래도."

궁복과 정년은 당나라에 대한 이런저런 이야기를 나누다가 새벽녘이 되어서야 집으로 돌아갔습니다.

신라의 신분제도

골품제도

신라에는 골품제도라는 독특한 신분제도가 있었어요. 골품제도는 6세기 초에 법으로 정해져서 신라의 삼국통일을 거쳐 멸망에 이를 때까지 약 400년 동안 거의 변함없이 신라 사회를 규제하는 제도가 되었어요. 이 중 성골과 진골은 왕족과 귀족인데 처음에는 부모가 모두 성골인 순수 성골 계층 남자만 왕이 될 수 있었어요. 신라시대 최초의 여왕인 선덕여왕은 당시 왕위에 오를 수 있는 성골 남자가 없었기 때문에 왕위에 오를 수 있었다고 전해져요.

성골 출신이 다 없어지자 진골 출신도 왕이 되었는데, 태종무열왕 김춘추가 진골 출신으로 왕이 될 수 있었어요. 진골 아래 6개의 신분계급

신라의 골품제도

등급	관등명	진골	6두품	5두품	4두품	공복
1	이벌찬					자색
2	이찬					
3	잡찬					
4	파진찬					
5	대아찬					
6	아찬					비색
7	일길찬					
8	사찬					
9	급벌찬					
10	대나마					청색
11	나마					
12	대사					황색
13	사지					
14	길사					
15	대오					
16	소오					
17	조의					
	관등		골품			

자세히 알아보기

은 크게 상하 두 계급으로 구별되었어요. 6두품·5두품·4두품은 관료가 될 수 있는 상위계급이었고, 3두품·2두품·1두품은 그것이 불가능한 하위계급으로 흔히 평인·백성이라고 불렸어요.

진골 바로 다음가는 6두품에 속한 사람들은 본래 신라를 구성한 여러 씨족장의 후예와, 신라에 정복된 작은 나라들의 지배층 후손들이었어요. 이들은 골품에 따른 관직제도의 규정상 주요 관청의 장관이나 주요 군부대의 지휘관이 될 수 없었어요. 그래서 관리나 군인이 되는 것을 포기하고, 학자·종교가 또는 사상가가 되는 길을 택하는 사람이 많았죠. 바로 원효와 최치원이 유명한 6두품 사람이에요. 6두품 귀족들의 불만은 점점 커졌고, 이들의 불만은 신라가 멸망하는 중요한 원인 중 하나였다고 전해져요.

골품제도는 직업뿐 아니라 혼인과 집의 크기까지 정해졌어요. 같은 계급의 사람들끼리 결혼을 했고, 집도 진골은 24척, 6두품은 21척, 5두품은 18척, 4두품과 평민은 15척을 각각 넘지 못하게 규정되어 있었어요. 이 밖에도 우마차의 자재 및 장식, 기타 일상생활 용기들이 골품에 따라 각기 다르게 규정되어 있었어요.

인도의 신분제도 **카스트제도**

인도에도 우리나라의 골품제도와 비슷한 카스트제도가 있어요. 인도의 카스트제도는 인도의 역사와 더불어 생겨났어요. 카스트제도 아래에서는 전쟁이나 반역이 일어나지 않는 한 수직의 계층 이동은 거의 불가능할 정도로 엄격한 제도예요. 태어나면서부터 계급이 정해지고, 결혼도 같은 계급끼리만 할 수 있죠. 인도가 영국에서 해방된 이후 헌법에서는 카스트제도를 철폐시켰지만, 오늘날에도 여전히 인도 전역에서 카스트제도로 고통 받고 있는 사람들이 많다고 해요.

당나라로

궁복과 정년은 다음 날부터 어른들 몰래 당나라에 함께 갈 아이들을 알아보러 다녔습니다.

"뭐? 당나라에……?"

궁복에게 이야기를 들은 아이들은 놀라서 눈을 동그랗게 떴습니다.

"당나라가 얼마나 먼데?"

"난 싫어. 너희들이나 가."

"가고는 싶지만, 부모님 때문에……."

궁복은 평생을 굶주리면서 살지 말고, 당나라에 가서 돈을 많이 벌어 오자고 자신 있게 말했습니다.

당나라로 가겠다는 소년들은 궁복과 정년을 합해 여섯 명이었습니다.

소년들은 날을 잡아 오두막집에 모였습니다.

궁복은 소년들에게 말했습니다.

"우리는 당나라에 놀러 가는 게 아니야. 그러니 마음을 단단히 먹어. 특히, 이 이야기가 어른들 귀에 들어가면 끝이니까 입조심해야 해."

소년들은 머리를 끄덕이면서 알았다고 했습니다.

궁복이 말을 이었습니다.

"포구에 들어왔던 당나라 배가 내일 모레 떠난대. 우리는 그 배를 몰래 타는 거야."

"몰래 타?"

"그럼, 돈 있어?"

"그래도 몰래 탔다가 들키면 뱃사람들이 우리를 바다에 처넣을 텐데."

소년들은 걱정이 되어 낯빛이 흐려졌습니다.

"그렇지 않아. 우리는 어린아이고 도둑이 아니잖아. 배가 포구에서 멀리 사라질 때까지만 숨어서 들키지 않으면 돼. 우리가 잡혀도 한두 사람이 아니니까 배를 돌려 우리를 이곳에 내려놓고 갈 거야."

궁복과 정년은 아이들에게 배에서 요기할 것을 준비하도록 했습니다. 당나라로 떠나기 며칠 전부터 궁복은 다시는 보지 못할지도 모르는 고향의 바다를 한참 동안 바라보며 눈에 가득 담았습니다. 그리고 포구로 가서 당나라 배를 살폈습니다.

드디어 당나라로 떠나기로 한 날이 밝았습니다.

궁복은 어머니 몰래 배 안에서 먹을 물과 음식을 단단히 챙기고, 하루 종일 어머니를 도와 일했습니다.

"네가 오늘은 웬일이니? 산에 가서 칼싸움도 안 하고 엄마를 돕다니."

아무것도 모르는 어머니는 궁복을 칭찬해 주었습니다.

어머니 말에 궁복은 마음이 저려 왔습니다.

'불쌍한 어머니. 내가 떠나고 없더라도 너무 슬퍼하지 마셔야 할 텐데.'

궁복은 어머니 말을 안 듣고 속만 썩여 드렸던 것이 후회되었습니다. 그렇다고 당나라로 가는 것을 포기할 수는 없었습니다.

해가 지고 어둠이 둥지를 틀었습니다. 밤이 깊어가자 어머니 방에 등불이 꺼졌습니다. 궁복은 감추어 놓았던 보따리를 옆구리에 끼고 살금살금 대문으로 갔습니다.

"어머니 성공해 돌아올 때까지 건강하세요."

궁복은 어머니 계신 방에 대고 넙죽 절을 했습니다. 절을 하고 뒤도 돌아보지 않고 빠른 걸음으로 정년의 집으로 갔습니다. 정년은 벌써 나와 서성이고 있었습니다.

"서둘러 가자. 오두막집에서 아이들이 기다릴 거야."

"우리 정말 가는 거예요?"

정년의 목소리에는 눈물이 섞여 있었습니다. 울음을 참고 있었던 것입니다.

"응, 싫으면 안 가도 돼."

정년은 그제야 발걸음을 떼었습니다.

"만수와 돌쇠는 못 간대요."

"우리끼리라도 가야지."

궁복은 나온 아이들과 함께 포구로 향했습니다. 마을을 지나지 않고 바닷가를 따라갔습니다.

멀리 당나라 깃발을 단 배들이 보였습니다. 그 배들은 신라와 당나라를 오가며 물건을 사고파는 장삿배였습니다.

"입 다물고 발소리를 조심해! 들키면 끝이야."

궁복은 뒤를 돌아보며 아이들에게 주의를 주었습니다.

불이 밝혀진 갑판에는 선원인 듯한 사람들이 술을 마

시고 있었습니다.

　궁복 일행은 살금살금 배 뒤로 갔습니다. 그동안 살펴본 바로는 창고는 배 뒤쪽 어디에 있는 것 같았습니다. 궁복은 살금살금 물속으로 걸어 들어갔습니다.

　얼마쯤 가자 길게 늘어진 닻줄이 보였습니다. 궁복은 닻줄을 타고 배에 오르려 했습니다.

　그때였습니다. 배 뒤쪽으로 시커먼 그림자가 나타났습니다. 모두들 숨을 죽이고 바짝 엎드렸습니다. 그림자는 이리저리 살피다가 사라졌습니다.

　"휴, 어서 나를 따라 올라와."

　궁복이 먼저 줄을 타고 올라갔습니다. 그 뒤를 아이들이 올라가고 정년은 맨 마지막으로 배에 올랐습니다.

　아이들은 모두 무사히 배 위로 올랐습니다.

　궁복은 몸을 낮추어 창고 문을 찾았습니다. 그때 빠끔하게 열린 문이 보였습니다.

　"바로 여기로구나. 어서 와."

궁복은 아이들에게 손짓을 했습니다.

안으로 들어가자 밑으로 통하는 층계가 있었습니다.

'삐그덕, 삐그덕.'

배가 낡아 궁복과 아이들이 계단을 밟을 때마다 소리가 났습니다. 배 밑 창고는 상당히 넓고, 물건들이 산더미같이 쌓여 있었습니다.

"여기에 숨어서 가면 되겠구나."

아이들은 기뻐했습니다. 들키지 않고 숨어 들어온 것이 자랑스러웠습니다. 아이들은 얼른 짐짝 뒤에 몸을 숨겼습니다.

"절대로 소리를 내서는 안 돼. 오줌이 마려워도 그냥 싸. 배가 먼 바다로 나갈 때까지는 쥐 죽은 듯이 있어야 해. 알았지?"

궁복의 말에 아이들은 고개를 끄덕였습니다.

밤은 점점 깊어 갔습니다. 아이들은 어느새 곯아떨어졌습니다.

자세히 알아보기

삼국을 통일한 신라는 어떤 나라였을까?

6세기 신라 전성기 때의 지도

고구려, 백제, 신라로 나뉘었던 삼국 중에서 가장 늦게 중앙 집권 국가로 발전했던 신라는 세 나라 중 가장 약했지만, 당나라와 연합해서 백제와 고구려를 차례로 무너뜨리고 삼국을 통일한 나라이기도 해요.

하지만 신라가 삼국을 통일하자 도움을 주었던 당나라는 우리나라를 조금씩 넘보기 시작했어요. 백제가 멸망하자, 백제에는 웅진 도독부를 설치했고, 고구려를 점령하고 나서는 평양에 안동 도호부를 설치해서 백제와 고구려 영토마저 당나라 땅으로 만들려고 했죠. 뿐만 아니라 신라의 수도 경주에 계림 도독부를 설치하고 문무왕을 계림 도독으로 임명하며 신라마저 넘보기 시작했어요.

그러자 신라는 당군이 주둔하고 있던 사비성을 함락시켜 웅진 도독부를 없앴어요. 그리고 당나라와 전쟁을 시작했죠. 당나라는 말갈과 거란군을 앞세우고 신라 땅으로 쳐들어 왔지만 신라는 매소성에서 당의 20만 대군을 격퇴했고, 금강 하류 기벌포에서 당의 수군도 물리치며 삼국 통일을 이뤄냈어요.

그 뒤로 신문왕의 강력한 왕권강화 정책을 바탕으로 정치, 경제, 사회 각 분야가 안정적으로 발전하며 7세기 후반에서 8세기 후반까지 발전해 갔어요.

신라와 당의 전쟁

기벌포 전쟁 그림

장보고 영정

하지만, 장보고가 살았던 8세기 후반에는 진골 귀족 세력들끼리 왕위 쟁탈전이 계속되었어요. 자연스럽게 중앙 정부의 지방 지배력이 약해졌죠. 그러자 그 틈을 타고 지방에서 등장한 신흥 세력인 호족들이 대두하여 중앙 정부의 권위에 도전하고 있었어요. 한편, 이 시기에는 당나라와 일본에서도 신라와 비슷한 일들이 벌어져, 각국 정부의 감시가 소홀한 틈을 타서 바다에서는 해적들이 활개를 치며 사람들을 못살게 굴었어요.

새로운 땅에서

캄캄한 창고 안에서 아이들은 꼼짝 않고 있었습니다. 그러나 시간이 지나자 먹을 물도 음식도 다 떨어져 버렸습니다. 아이들은 앞으로 얼마를 더 가야 하는지도 알 수 없었습니다.

"배도 고프고 목도 말라 죽겠어."

같이 온 아이들이 궁복에게 말했습니다.

아이들은 지칠 대로 지쳐 있었습니다. 창고에서 한 발

자국도 움직이지 못하는 것은 보통 일이 아니었습니다.

"괜히 왔다. 이게 무슨 고생이야?"

시간이 지날수록 아이들은 불평을 했습니다. 궁복은 어떻게 해야 좋을지 몰랐습니다.

그러던 어느 날이었습니다. 창고 문 열리는 소리가 나더니 사람들 목소리가 들렸습니다. 아이들은 숨을 죽이고 납작 엎드렸습니다.

그들은 당나라 말로 떠들며 무엇을 찾는 듯했습니다.

바로 그때였습니다.

"으악!"

돌이가 깜짝 놀라며 소리쳤습니다. 쥐가 돌이에게 달려들었던 것입니다.

"누구냐?"

돌이의 목소리를 들은 당나라 사람들은 배 밑으로 달려 왔습니다.

"아니, 웬 신라의 꼬마들이야!"

"거기 꼼짝 말고 있어! 너희들 도둑이지?"

아이들은 모두 붙잡히고 말았습니다.

소년들은 갑판으로 끌려나와 선장 앞에 무릎을 꿇고 앉았습니다. 선장 곁에는 신라 사람이 서 있었습니다.

선장은 잔뜩 화가 나 소년들에게 물었습니다.

"너희들 왜 이 배에 탄 것이냐? 바른대로 말하지 않으면 바다에 던져 버리겠다."

궁복이 일어섰습니다.

"먼저 몰래 배를 타서 죄송합니다. 저희들은 단지 당나라로 가고 싶어서 탔을 뿐 아무것도 건드리지 않

앉어요. 저희는 도둑이 아닙니다."

똑부러진 궁복의 말에 선장은 고개를 갸웃거렸습니다.

"당나라에 가겠다고? 아니, 꼬맹이들이 당나라에 가서 무얼 하겠다는 거야?"

"저는 장군이 되고 싶어요."

"장군?"

선장은 궁복의 말에 껄껄 웃었습니다.

"저는 천민이기 때문에 신라에서는 꿈을 이룰 수가 없대요. 그래서 가려는 겁니다."

"하하하! 참 맹랑한 녀석이로구나. 당나라 장군이 되려고 몰래 배를 탔단 말이지? 그럼 이 녀석들이 모두 장군이 되겠다는 거냐?"

"아니오. 저하고 여기 정년하고 둘만 그렇습니다. 다른 애들은 돈 벌러 가는 거예요."

선장은 턱수염을 쓰다듬었습니다.

"용기는 좋다만, 아무나 장군이 되고 돈을 벌 수 있는 것이 아니다. 배가 닿는 대로 신라로 돌려보낼 테니 그렇게 알거라."

"안 됩니다. 사나이가 한번 뽑은 칼을 그냥 거둘 수는 없습니다."

선장은 결심에 찬 궁복의 눈동자를 보았습니다.

"너희들도 같은 생각이냐?"

정년을 빼고 두 소년은 징징 짜며 말했습니다.

"저희는 집으로 가겠습니다."

"알았다. 너희들은 집으로 보내 주고 둘은 당나라로 가게 해 주겠다."

궁복과 정년은 너무나 기뻤습니다.

"선장님, 고맙습니다."

마음씨 좋은 선장이 너무 고마웠습니다.

뱃사람들은 아이들을 친절하게 돌보아 주었습니다.

선장은 궁복을 눈여겨보았습니다. 어린 나이지만, 강직하고 당당한 모습이 큰 인물이 될 것 같았습니다.

선장은 궁복을 곁에 두고 배에 관한 여러 가지를 알려 주었습니다. 별을 보고 방향을 측정하는 법, 바람에 돛을 올리고 내리는 방법 등 궁복은 작은 것 하나도 빼놓지 않고 열심히 배웠습니다.

바다는 끝없이 넓고 푸르렀습니다. 그러나 궁복은 자

기가 이 바다의 왕이 될 줄은 꿈에도 몰랐습니다.

며칠이 지났습니다.

어디서 나타났는지 보이지 않던 갈매기 떼가 배 위를 날았습니다.

"당나라에 거의 다 온 모양이다."

궁복이 중얼거렸습니다. 갈매기가 보이면 육지가 가까웠다는 것을 선장님에게 배워서 알고 있었던 것입니다. 정말 얼마 지나지 않아 수평선 너머로 가물가물하게 육지가 보였습니다.

"아, 드디어 당나라에 왔다!"

궁복이 소리치자, 정년이와 아이들이 나왔습니다.

"저기가 보이는 뭍이 당나라야?"

돌이가 물었습니다.

"신라 땅으로 돌아갈 놈이 당나라는 왜 찾아?"

정년이 퉁을 주었습니다.

"정년아, 우리는 당나라에서 꼭 장군이 되는 거야."

궁복과 정년은 육지 쪽을 바라보며 꿈에 젖어 있었습니다.

배는 다음 날 새벽이 되어서야 항구에 닿았습니다. 배가 닿은 곳은 산동반도의 등주라는 곳이었습니다.

선장은 나머지 아이들을 데리고 신라로 가는 배를 찾아 갔습니다. 선장은 신라 배 선장에게 사정을 이야기하고 두 소년을 태워 보냈습니다. 다시 배로 돌아온 선장이 궁복과 정년에게 물었습니다.

"너희들은 어떻게 할 것이냐?"

"……."

마땅히 갈 곳이 없는 궁복과 정년은 갑작스런 물음에 서로 얼굴만 바라보았습니다.

'이 녀석들을 내버려 두었다가는 거지가 되거나 남의 집 노예가 될 게 뻔해. 내가 일자리를 구해 줘야겠군.'

"앞으로 어떻게 할 거냐고 묻지 않았느냐? 왜 그새 마음을 바꿨느냐?"

"저희는 장군이 될 겁니다."

"녀석들……."

선장은 궁복과 정년을 데리고 어느 가게로 들어갔습니다. 그 가게는 농사에 필요한 농기구부터 고기잡이 때 쓰는 그물과 집에서 쓰는 생활용품까지 파는 만물상이었습니다. 이 가게에서는 신라에서 가져온 물건을 팔기도 했습니다.

"어르신, 부탁이 있어 왔습니다. 너희들은 여기 있거라."

가게 주인인 듯한 할아버지에게 공손하게 인사를 한 선장은 할아버지와 가게 안으로 들어갔습니다. 궁복과 정년은 가게가 너무 커서 입이 쩍 벌어질 지경이었습니다.

궁복과 정년이 가게 구경을 하고 있는데 안에서 선장이 활짝 웃으며 나왔습니다.

"이제 너희들은 여기서 일하며 살거라. 여기 이 어르신은 젊었을 때 용맹한 무사였으니 배울 것이 많을 거야."

"고맙습니다, 선장님. 이 은혜 꼭 갚겠습니다."

두 소년은 선장에게 큰절을 했습니다.

선장은 가게 주인 할아버지께 인사를 하고 떠났습니다.

그날부터 두 소년은 할아버지의 가게에서 살게 되었

습니다.

  두 소년은 낮에는 가게 안팎을 청소하고, 물건을 닦고, 심부름을 하며 가게 일을 보았습니다. 밤에는 마을 공터에서 무술을 연마했습니다.

  보름달이 뜬 달 밝은 날 궁복과 정년은 어김없이 마을 공터에서 무술을 연마하고 있었습니다. 할아버지는 저녁만 먹으면 사라지곤 하는 궁복과 정년을 몰래 따라왔다가 둘이 무술 연습하는 것을 보았습니다.

  '장군이 되겠다더니, 열심이군.'

  숨어서 지켜본 할아버지는 두 아이에게 무술을 가르쳐 주어야겠다고 생각했습니다.

  "얘들아!"

  "앗! 할아버지."

  "그렇게 해 가지고 언제 장군이 되겠느냐?"

  "할아버지께서 예전에 무사이셨다고 들었는데, 저희에게 한 수 가르쳐 주십시오."

궁복이 할아버지 앞에 무릎을 꿇자 정년도 따라서 무릎을 꿇었습니다.

"이 땅에는 훌륭한 무사들이 아주 많단다. 얕은 재주로 뽐내다가는 망신만 당하지. 이 나라에서 장수가 되려면 당나라 말은 물론 무술 연습도 남들보다 배로 해야 한다."

두 소년은 당나라 말을 배우며 기본적인 체력을 기르는 것은 물론, 칼 쓰기와 창 쓰기에 이어 말타기도 배웠습니다. 무예는 배우고 또 배워도 끝이 없었습니다.

궁복과 정년이 고향 뒷산에서 나뭇가지를 꺾어 하던 무예는 아무것도 아니었습니다. 그런 솜씨로 장군이 되겠다고 했으니 부끄러운 일이었습니다.

궁복은 지난날을 생각하며 자기 자신을 더 이상 부끄럽게 하지 않기 위해 밤늦게까지 무술 익히기를 게을리 하지 않았습니다. 정년도 궁복을 따라 열심히 무술을 익혔습니다.

자세히 알아보기

장보고의 단짝, 정년 장군

정년장군 영정

장보고의 단짝인 정년은 장보고와 함께 자란 것으로 알려져 있어요. 정년에 대한 최초의 기록은 당나라 시인 두목이 편찬한 《번천문집》에 나와 있는데, 이 책의 권 6장 보고 정년전에 정년 장군의 전기가 수록되어 있어요.

신라인 장보고와 정년이라는 자는 자기 나라로부터 서주로 와서 군중소장이 되었다.
장보고의 나이는 30이고 정년의 나이는 열 살이 젊어 장보고를 형이라고 불렀다. 모두 싸움을 잘하였고, 말을 타고 창을 휘두르는데 나라와 서주에서 능히 대적할 사람이 없었다.
정년은 또 바다 밑으로 들어가 50리를 걸어가면서 물을 내뿜지 아니하였다.
그 용맹과 씩씩함을 비교하면 장보고가 정년에게 미치지 못하였으나 장보고는 연령으로 정년은 기예로서 항상 맞서 서로 지지 아니하였다.

- 번천문집 중에서 -

장원

    장군이 되겠다고 몰래 배를 타고 당나라에 온 지도 벌써 몇 해가 지났습니다. 두 소년은 이제 어엿한 청년이 되었습니다.

    궁복과 정년은 이제 당나라 말도 잘하고, 무예 솜씨 또한 출중해 어느 누구도 따를 자가 없을 정도였습니다.

    어느 날, 할아버지가 두 청년을 불렀습니다.

    "이제 너희들에게 더 가르칠 것이 없구나. 이제 내

곁을 떠나 꿈을 이루도록 해라."

할아버지는 두 청년에게 편지를 써 주고 돈을 주었습니다.

"이 편지를 갖고 장군을 찾아가거라. 이는 내가 데리고 있던 군관인데 이젠 장군이 되었다. 이 편지를 보여 주면 모르는 체는 안 할 것이다. 그리고 이 돈은 너희들이 그동안 일한 품삯이다. 장안 가는데 쓰거라. 열심히 일해 주어 고맙다. 꼭 장군이 되어, 꿈을 이루도록 해라."

할아버지는 친손주처럼 돌보아 온 두 청년과 헤어질 생각을 하니 섭섭했습니다. 궁복과 정년도 마찬가지였습니다.

"할아버지의 말씀을 잊지 않겠습니다. 반드시 훌륭한 사람이 되어 은혜에 보답하겠습니다."

궁복과 정년은 할아버지의 말이 믿기지 않았습니다.

"형, 이거 꿈은 아니겠지?"

"꿈이긴? 그간 너와 내가 얼마나 고생을 했니?"

"고생보다 많이 배울 수 있어서 너무 기뻤죠."

"사실은 나도 그랬다. 고향으로 간 친구들이 안됐구나."

"우리가 가라고 했나요? 저희들이 간다고 해서 갔지요."

궁복과 정년은 그간 있었던 이야기를 하느라 잠을 이룰 수가 없었습니다.

"정년아, 이제 우리의 꿈을 펼칠 때가 온 것 같구나."

"그래요, 형님. 우리 솜씨를 마음껏 펼쳐 보지요."

"큰 나라여서 뛰어난 무사들이 많을 거야."

"하지만 우리도 자신 있어요. 할아버지가 그러셨잖아요. 저는 형님만 빼놓고 어느 누구와 싸워도 이길 자신이 있는데요."

"하하하! 하긴, 나도 네가 제일 무섭다."

"원, 형님도."

정다운 이야기는 밤이 깊도록 그칠 줄 몰랐습니다.

다음 날, 할아버지 집을 나온 두 사람은 괴나리봇짐을 지고 묻고 또 물어 당나라의 서울인 장안으로 갔습니다. 장안까지는 아주 먼 거리였습니다.

"형님, 당나라 장군이 우리를 받아 줄까요?"

"그게 무슨 말이냐?"

"당나라 사람들 가운데도 무술을 잘하는 사람들이 많을 텐데 우리를 써 주겠느냐는 말이에요."

정년은 할아버지 이야기가 믿어지지 않는 모양이었습니다.

"딴 생각하지 말자. 할아버지가 우리에게 거짓말을 할 리 없다. 그 분 말씀을 무조건 믿자."

온갖 고생을 하며 여러 날이 걸려 장안에 도착한 두 청년은 어안이 벙벙했습니다.

황제가 사는 크고 호화찬란한 궁궐과, 수많은 사람

들, 온갖 진기한 물건에 넋을 잃었던 것입니다.

"정년아, 정신 바짝 차려라. 잘못하다가는 길을 잃겠다."

궁복과 정년은 넓은 훈련장으로 찾아갔습니다. 그곳에는 기합 소리와 말발굽 소리로 요란했습니다.

"정년아, 이곳이 장군이 계신 곳인가 보다."

사람들이 빽빽하게 모여 무언가를 구경을 하고 있었습니다.

"지금 뭐하는 거죠?"

궁복이 구경하는 사람에게 물었습니다.

"무술 대회 하는 것을 모르는거 보니 이곳에 처음 왔나 보군."

"무술 대회요?"

궁복과 정년은 깜짝 놀랐습니다.

무술 대회가 막 시작하고 있었습니다.

전국에서 모여든 무사들과 구경꾼들로 훈련장은 시

장 통같이 복잡했습니다. 높다란 단상에는 황제인 듯한 사람도 품위 있게 앉아 있었습니다.

"잘됐다."

궁복은 얼른 장군을 찾아 할아버지가 써 준 편지를 보였습니다.

"어허?"

편지를 본 장군은 처음에는 고개를 갸웃했습니다. 그러다가 두 청년에게 말했습니다.

"좋다, 원래는 안 되지만, 내 황 장군님의 뜻이니 시합에 넣어 주겠다."

궁복과 정년은 갑작스레 찾아온 기회에 마음을 다잡았습니다.

시합은 청군과 백군으로 나뉘어 벌어졌는데, 궁복은 청군이고, 정년은 백군이 되었습니다. 끝까지 싸워 이기는 사람이 장원이 되는 시합이었습니다.

"얍!"

'짱, 짱.'

'다그닥 다그닥.'

"와아."

기합소리, 창과 칼이 서로 부딪는 소리, 말발굽 소리와 환호성 소리로 훈련장은 파도처럼 일렁였습니다.

시간이 지나자 무사들이 하나둘 쓰러져 시합을 하는

무사들의 수가 줄어들었습니다.

　궁복과 정년은 서로 다른 편이 되어 열심히 싸웠습니다. 두 사람의 모습은 누가 봐도 한눈에 띄었습니다.

　이제 무사들이 얼마 남지 않았습니다.

　그들은 한꺼번에 뒤엉켜 싸웠습니다. 말을 탄 채 창을 들고 싸우는 이들의 모습은 마치 꽃 하나를 두고 싸

우는 벌 같았습니다.

　창과 창이, 칼과 칼이 부딪칠 때마다 파란 불꽃이 튀었습니다.

　"과연 훌륭한 무사들이오. 특히 저 두 청년의 무예는 당할 사람이 없겠는걸."

　황제가 가리킨 두 청년은 바로 궁복과 정년이었습니다.

　드디어 훈련장에는 궁복과 정년만 남게 되었습니다. 두 사람은 잠시 서로 눈인사를 했습니다.

　구경꾼들은 숨을 죽이고 궁복과 정년을 바라보았습니다.

　"저 둘 중에 누가 이길까?"

　"글쎄, 두 무사의 솜씨가 워낙 뛰어나서 판단이 어려워."

　"이얍!"

　궁복과 정년의 싸움이 시작되었습니다.

두 사람의 검술은 마치 제 몸 놀리듯 서로 한 치의 빈틈도 보이지 않았습니다. 시간이 한참 흘렀습니다. 싸움은 그칠 줄을 몰랐습니다.

그때 황제가 자리에서 일어났습니다.

"밤새도록 싸워도 끝이 안 나겠다. 여봐라! 북을 쳐서 싸움을 멈추게 하라!"

'둥! 둥! 둥!'

북소리에 두 무사는 싸움을 멈추고, 황제가 있는 단상을 바라보았습니다.

"두 무사를 이리 오게 하라!"

궁복과 정년은 황제 앞에 무릎을 꿇었습니다.

"내, 훌륭한 무사들을 많이 보아 왔다만, 그대들같이 뛰어난 무사는 참으로 오랜만이다. 어디에 사는 누구인고?"

궁복이 머리를 들고 말했습니다.

"신라에서 온 궁복이라 합니다."

"신라에서 온 정년이라 합니다."

"뭐라? 신라에서?"

황제뿐만 아니라 시험관과 구경 하던 사람들 모두 깜짝 놀랐습니다. 신하들도 놀라 서로 얼굴을 바라보았습니다.

"아니, 둘 다 신라에서 왔단 말이냐?"

"그렇습니다, 폐하."

"허허, 신라의 무예가 그토록 높은 줄은 미처 몰랐었구나. 내 너희들을 모두 장원으로 뽑고 군관으로 임명하겠다. 신라가 너희들의 조국이지만 앞으로는 이 당나라를 위해 몸 바쳐 일하도록 하라."

궁복과 정년은 서로 얼싸안고 기쁨의 눈물을 흘렸습니다. 비록 장군의 벼슬은 아니지만, 더 열심히 하면 장군도 될 수 있는 높은 벼슬이었습니다.

궁복과 정년이 군관이 되어 할아버지 댁에 돌아오자, 마을 사람들 모두 크게 기뻐해 주었습니다.

"두 사람의 무예가 뛰어난 줄은 알았지만, 둘 다 장원이 될 줄은 몰랐어."

"신라 사람들이 보통이 아닌가 봐."

그 뒤로부터 당나라 사람들은 궁복을 당나라식 이름

으로 장보고라고 불렀습니다.

　장보고와 정년은 가겟집 할아버지께 인사를 드렸습니다. 할아버지가 아니었더라면 두 사람은 지금쯤 거지가 되었을지도 모르는 일이었습니다.

　"장하다! 그 많은 무사들을 누르고 장원을 하다니, 믿어지지 않는구나."

　"다 할아버지 덕분입니다. 편지가 아니었다면 무술 대회에 나가지도 못했을 것입니다."

　할아버지는 마치 자기 일처럼 기뻐하면서 큰 잔치를 열어 주었습니다.

신라와 당나라의 무역

당나라와의 전쟁이 끝나고 다시 평화로운 관계가 성립되자 신라와 당의 교류가 활발해졌어요. 특히 8세기 이후에는 공무역뿐 아니라 개인들이 주관하는 민간무역이 크게 늘어났어요. 통일 후에 경제활동이 급속하게 늘어났고, 배를 만드는 기술인 조선술이 발달하며 대외무역이 더욱 발전할 수 있었어요. 당시 신라와 당의 무역로는 두 길이 있었는데, 하나는 지금의 전라남도 영암에서 흑산도를 거쳐 중국의 상하이로 통하는 길이고, 다른 하나는 경기도 남양만에서 황해를 건너 중국의 산둥반도 덩저우로 가는 길이었어요. 신라인

남북국 시대의 무역로

의 해상활동이 활발해지자 덩저우 일대에서 양쯔강 하구의 연안 일대에 이르는 지역에는 많은 신라인들이 거주하였고, 이 지역에는 신라인들을 통괄하며 자치를 맡아보는 신라소라는 관청이 설치되고 신라인의 자치구역인 신라방이 형성되었어요.

신라는 당에 금은 세공품, 인삼 등을 수출했는데, 신라의 뛰어난 수공업으로 만든 물건이 많았어요. 이때 수출했던 물건들로 봐서 신라의 수공업 수준은 아주 뛰어났다는 것을 알 수 있어요.

한편 신라가 수입했던 물건은 비단, 책, 사치품 등 주로 귀족들이 사용하는 물건이었어요.

신라방 [新羅坊]

신라방은 8세기 중엽 이후 당나라 연해지역의 도시에 거주하던 신라인의 자치구역을 말해요.

신라인들의 해상활동이 활발해진 뒤로 많은 신라인들이 당나라에 건너가 살았어요. 그중 하이허(淮河)와 양쯔강 하류지역에 거주하던 신라인들은 추저우(楚州)·렌수이(連水) 등에 많이 모여 살았고 도시의 한 구역에 집중적으로 거주하여 자치구역을 형성했어요.

이곳에 거주하는 신라인들은 승려·학생·군인·관리도 있었고, 농민·연안운송업자·공인(工人)·무역상 등 아주 다양했어요. 또한 아라비아·페르시아 등의 상인과 교역을 하거나 신라와 일본을 왕래하면서 국제무역의 중요한 역할을 담당하기도 했어요.

신라소 [新羅所]

정확한 명칭은 구당신라소(勾當新羅所)예요. 당나라 각지에서 집단적으로 거주하고 있던 신라인들을 통치가 필요했는데, 이를 위해 설치한 것이 바로 신라소예요. 신라소의 자치권은 일정 지역 내에만 해당되었고 기본적으로 당의 지방관아에서 통할했어요.

신라방을 재현해 놓은 드라마 세트장

신라원 [新羅院]

신라인의 집단거주지인 신라방에 세워진 절을 신라원이라고 불렀어요. 주로 당나라에 머물렀던 신라인이 이곳에 와서 항해의 안전을 기도했어요. 이 신라원 중 대표적인 것이 흥덕왕 때 장보고가 산둥반도 적산촌에 세운 법화원(法華院)이에요.

신라와 일본의 무역

신라와 일본의 관계는 그다지 좋지 않았어요. 신라가 삼국을 통일하자, 일본은 신라가 일본에 침략할 것을 경계했어요. 신라도 일본으로 건너간 고구려, 백제 사람들이 걱정되어서 경계를 엄하게 했어요. 그 결과 일본과의 경제적 교류는 예전처럼 자유롭지 못했어요. 그러나 8세기에 이르러 정치가 안정되면서 두 나라 사이의 교류는 다시 활발해졌어요.

신라 노예들

　세월이 흐르고 장보고와 정년이 당나라의 군관이 된 지도 몇 년이 지났습니다.
　장보고의 벼슬은 점점 높아져, 무령군 소장이 되었습니다. 소장은 당나라 사람도 하기 어려운 벼슬이었습니다. 뒤이어 정년도 소장이 되었습니다.
　"형님, 장군이 된다고 몰래 배를 타고 당나라에 온 것이 엊그제 같은데, 진짜 장군이 되다니 꿈만 같아요."

"그래, 어부의 아들로 태어난 우리가 이제 부러울 것이 없게 되었지."

두 사람의 우정은 더욱 굳어졌습니다.

한가한 마음으로 차를 마시고 있던 정년이 장보고에게 말했습니다.

"우리 이럴 것이 아니라 밖에 나가서 바람이나 쐬죠."

정년의 말에 장보고도 좋아했습니다.

"우리 등주에 다녀올까요?"

"좋지."

그 무렵, 등주(지금의 산동성 경내)에는 신라 사람들이 많이 살고 있었습니다.

등주 포구에는 언제나 신라에서 온 스님, 학생, 장사꾼들로 북적거렸습니다. 당나라에서는 이들을 위해 '신라방'이라는 마을을 만들어 그곳에 살거나, 쉬게 해 주었습니다. 그곳에 가면 신라 사람들도 만나고 신라의 소식도 들을 수 있었습니다.

장보고와 정년은 말을 달렸습니다. 넓은 들판 너머로 푸른 바다가 보였습니다. 끝없이 펼쳐진 바다를 보니 지난날 도둑 배를 타고 숨어 왔던 때가 생각났습니다.

두 사람은 다시 바람을 가르며 말을 몰았습니다. 등주로 가는 마지막 언덕을 넘을 때였습니다.

"신라 놈들아, 빨리 하지 못해!"

두 사람은 '신라'라는 말에 귀가 번쩍 뜨였습니다. 그 소리는 길 옆 돌을 나르는 곳에서 났습니다.

"신라 놈들? 어디 무슨 일인지 가 보자."

장보고와 정년은 소리가 들려온 쪽으로 말머리를 돌렸습니다.

무슨 공사를 하는지 한 무리의 아이들이 힘겹게 돌을 나르고 있었습니다. 험악하게 생긴 사나이가 커다란 채찍을 들고 아이들을 때리며 돌 나르기를 재촉하고 있었습니다.

"이 돌을 다 못 나르면 오늘 저녁은 없다. 그러니까

빨리빨리 서두르란 말이야!"

자기 몸보다 더 큰 돌을 나르는 아이들은 모두 지쳐 있었습니다.

"나 좀 봅시다. 신라 놈들이라니, 무슨 말이오?"

장보고가 사내의 뒤에서 물었습니다.

"뉘신데 남의 일에 참견이오?"

사나이는 퉁명스럽게 말하다가 등을 돌려 장보고를 보고 금방 얼굴이 달라졌습니다. 장보고가 무관 장교 복장을 하고 있었기 때문입니다.

"아이고, 장군님! 몰라 뵈었습니다. 잘못했으니 용서해 주십시오. 저들은 우리 주인이 돈을 주고 산 노예들입니다."

"노예?"

"예. 신라 놈들인데요, 말도 안 듣고 어찌나 게으른지."

"사람을 사고판다는 말이오?"

"그럼요. 사고팔지요. 그 가운데 신라 노예가 가장 많지요."

"신라 노예가?"

장보고는 기가 막혀 입이 붙었습니다.

'세상에 이런 일이 있나. 우리 신라 사람들이 노예로 팔려 오다니…….'

"얘들아, 이리 오너라."

정년이 신라 말로 아이들을 불렀습니다.

신라 말을 들은 아이들의 눈이 동그래졌습니다.

"장군님, 신라 사람인가요?"

한 아이가 사나이의 눈치를 보며 다가왔습니다.

"그래, 신라 사람이란다. 어서 이리 오렴."

한 아이가 오자 아이들의 얼굴이 환해지며 우르르 몰려왔습니다. 사나이는 작업이 늦어지자 얼굴을 찌푸렸지만 장군에게 따질 수는 없었습니다.

"너희들은 왜 여기 와서 이런 일을 하고 있지?"

장보고가 마음을 가라앉히며 다정하게 물었습니다.

"장군님, 살려 주세요. 저희들은 바닷가에서 놀다가 해적들에게 잡혀 왔어요."

장보고는 깜짝 놀랐습니다.

"해적이라고?"

"네. 여기 있는 아이들 전부 해적에게 끌려온 거예요."

한 아이가 눈물을 글썽이며 말했습니다.

"어서 일 안 해?"

잠자코 서 있던 사나이가 소리를 질렀습니다.

"장군님, 이 아이들은 일을 해야 합니다. 이제 그만 가시지요."

사나이는 장보고와 정년이 보고 있어 차마 아이들을 때리지는 못하고 채찍을 만지작거리며 말했습니다.

그것을 본 아이들이 장보고와 정년의 팔에 매달렸습니다.

"장군님, 저희를 고향으로 보내 주세요."

장보고는 발길이 떨어지지 않았습니다. 이 아이들을 구해 주고 싶었습니다.

"정년아, 이 아이들을 우선 신라방으로 데리고 가자."

"네, 형님. 그렇게 합시다."

정년은 아이들을 말에 태웠습니다.

이를 본 사나이가 쫓아와 장보고에게 매달렸습니다.

"장군님, 이 아이들을 데려가시면 안 됩니다. 아이들을 어서 내려 주세요. 우리 주인이 알면 저는 살아남지

신라 노예들 77

못합니다."

"이 아이들은 해적에게 끌려왔으니 고향으로 보내 주어야겠다!"

장보고가 소리를 질렀지만, 사나이는 꼼짝도 하지 않았습니다.

"목이 달아나기 전에 어서 비켜서라!"

장보고는 할 수 없이 칼을 빼어 들었습니다.

번쩍이는 칼을 보자, 사나이는 꽁지가 빠지게 달아났습니다.

장보고와 정년은 아이들을 말에 싣고 등주에 있는 신라방을 향해 달렸습니다.

당나라 무관들이 아이들을 데리고 신라방에 들어서자, 신라 사람들은 이상한 눈으로 쳐다보았습니다.

"당나라 군인이 아이들을 데리고 무슨 일로 왔지?"

"글쎄 말이야. 또 저 거지 같은 아이들은 뭐야?"

장보고는 신라 마을의 웃어른을 찾았습니다.

"무슨 일로 찾아오셨습니까?"

수염이 허연 노인이 두 사람을 맞았습니다.

"죄송합니다만, 이 아이들을 맡았다가 신라로 보내 주셨으면 고맙겠습니다."

"소장님은 신라 사람이십니까?"

"예. 지나던 길에 이 아이들을 보고 데려왔습니다. 해적에게 끌려와 노예로 일하고 있더군요."

노인은 혀를 찼습니다.

"이 아이들 말고도 해적에게 끌려온 신라 사람들이 아주 많답니다. 그런데도 당나라에서는 모른 체하고 있으니 큰일입니다."

"대체 신라에서는 무얼 하고 있답니까? 해적들이 사람들을 잡아가는 판국에 구경만 하고 있나요?"

장보고가 물었습니다.

"신라의 벼슬아치들은 백성들을 돌볼 생각은 않고 자기 배만 채우고 있답니다."

장보고는 한숨을 쉬었습니다. 벼슬아치들이 백성을 돌보지 않는다면 누가 돌볼지 걱정이 되었습니다. 장보고는 노인에게 아이들을 부탁하고, 정년과 함께 숙소로 돌아갔습니다.

지는 해를 바라보며 달려가는 장보고의 얼굴은 어둡기만 했습니다.

> 자세히 알아보기

장보고와 관련된 신라의 임금들

44대 민애왕

42대 왕 흥덕왕이 죽은 후, 균정과 제륭(제43대 희강왕)사이에 왕권 다툼이 일어나자, 김명(44대 민애왕)은 제륭을 도와 균정을 죽였어요. 그리고 왕위에 오른 제륭마저 제거하고 스스로 왕위 올라 민애왕이 되었어요. 그러나 균정의 아들 우징이 청해진대사 장보고와 함께 일으킨 반란에 패함으로서, 민애왕 정권은 1년을 넘기지 못하고 무너지고 말았어요.

45대 신무왕

흥덕왕이 죽자, 아버지 김균정의 왕위계승을 지지했지만 균정이 왕위계승을 두고 조카인 제륭과 대립하게 되고, 결국 죽고 말았죠. 우징(45대 신무왕)은 희강왕 2년(837)에 청해진으로 내려가 장보고에게 도움을 청했어요. 그리고 민애왕 2년(839)에 장보고, 김양 등과 함께 경주로 쳐들어가 민애왕을 죽이고 왕위에 올랐으나 얼마 지나지 않아 병에 걸려 죽고 말았어요.

46대 문성왕

아버지인 신무왕이 장보고의 도움으로, 즉위하여 정치적 안정을 다져갔으나 재위 반년 만에 사망한 후 문성왕이 즉위하였는데, 이때 이후 많은 반란이 일어났어요. 청해진대사 장보고의 딸을 왕비로 삼겠다고 했던 아버지 신무왕의 약속을 지키지 못했어요.

조국의 품으로

　신라에서 잡혀 온 아이들을 본 뒤에 장보고는 잠을 잘 수가 없었습니다. 눈을 감으면 해적들에게 끌려가는 신라 아이들이 눈에 어른거렸습니다.
　장보고는 틈이 날 때마다 신라 노예들을 구해 주었습니다. 그러나 혼자서 그들을 구한다는 것은 보통 일이 아니었습니다.
　'해적들을 뿌리 뽑아야 한다. 혼자서 이럴 것이 아니

라 당나라 황제에게 편지를 쓰자.'
　장보고는 당나라 황제에게 편지를 썼습니다.

　폐하, 지금 해적들에게 끌려온 신라 사람들이 노예로 팔리는 일이 아주 많습니다. 이를 그냥 둔다면, 앞으로 신라와 전쟁이 일어날지도 모릅니다. 해적들을 뿌리 뽑으십시오.

　그러나 아무 소용이 없었습니다. 신라 노예는 갈수록 늘어만 갔습니다.

장보고는 당나라에서 벼슬을 하는 것도 좋지만, 노예로 잡혀 온 신라 사람들을 그냥 보고만 있을 수는 없었습니다. 그즈음 몰락해 가던 당나라는 군대를 줄이기 시작했습니다.

어느 날, 장보고는 정년을 찾아갔습니다.

"아니, 이 밤에 웬일이십니까 형님? 얼굴이 좋지 않으시군요. 무슨 일이 있으십니까?"

"아닐세."

장보고는 정년과 마주 앉았습니다.

"나와 너는 같은 뜻을 갖고 이 나라에 오지 않았나?"

"그럼요. 신라에서는 장군이 될 수 없어 온 것 아닙니까?"

"이제 우리 꿈은 이루었지. 그런데 당나라에 끌려온 신라 사람들을 보니, 내가 이러고 있을 때가 아니라는 생각이 드는구나."

장보고는 정년에게 자기의 속내를 말했습니다.

"형님은 지금 신라로 돌아가고 싶은 거죠?"

"그래. 어서 빨리 신라로 돌아가 당나라의 해적들을 무찔러야겠네."

장보고 말에 정년은 한동안 말이 없었습니다.

"저도 고향이 그립고 형님과 헤어지기는 싫지만 여기에서 할 일이 있습니다. 저는 이곳에 머물겠습니다."

장보고는 지그시 눈을 감았습니다.

"그렇다면 자네는 여기 있게. 신라에는 나 혼자 돌아가겠네. 대신 여기에 남아 신라 사람들을 도와주게."

숙소로 돌아온 장보고는 짐을 꾸렸습니다. 마음을 정한 이상 하루라도 빨리 신라에 가고 싶었던 것입니다. 당나라 군사들과 이별의 인사를 하고 신라 마을로 가는 장보고의 마음은 한없이 들떠 있었습니다.

그동안 장보고가 구해 준 아이들은 수십 명이나 되었습니다. 그 아이들은 등주 원덩 현 적산촌에 있는 법화원이라는 절에 있었습니다. 법화원은 장보고가 지은

절입니다.

"장군님!"

장보고가 나타나자, 아이들이 소리치며 달려왔습니다.

한 스님이 그들을 보고 빙그레 웃고 있었습니다.

"스님, 이 아이들을 보살펴 주셔서 고맙습니다."

장보고는 스님에게 감사 인사를 드렸습니다.

"천만에요. 장군님이 아니었다면 이 아이들은 노예로 지냈을 것입니다. 어서 가시지요. 신라로 가는 배가 기다리고 있습니다."

장보고는 아이들을 데리고 스님과 함께 포구로 갔습니다.

포구에는 크고 작은 배들이 떠 있었습니다.

"장군님이 주신 돈으로 요기할 것도 넉넉하게 실었습니다. 그럼, 안녕히 가십시오."

작별 인사를 하면서 스님은 장보고에게 편지를 한 통 주었습니다.

"이 편지는 신라에 가서 임금을 만나게 되면 보여 주십시오."

장보고는 편지를 품속에 깊이 간직했습니다.

닻을 올리자, 배가 스르르 바다로 미끄러져 나갔습니다. 아이들은 스님에게 손을 흔들었습니다. 스님도 손을 흔들어 답했습니다.

신라에 도착한 장보고는 아이들을 고향에 데려다 주었습니다.
아이들이 많아서
여러 날이
걸렸습니다.

신라에 와서 보니, 해적들의 극성은 이루 말할 수가 없었습니다.

"해적 때문에 살 수가 없어요."

"대낮에도 사람들을 해치고 물건을 털어 가요."

"당나라 해적은 물론 왜구(일본 해적)들까지 극성이어서 고향을 떠난 사람도 많답니다."

사람들은 장보고를 붙들고 하소연을 했습니다.

장보고는 화가 나서 참을 수가 없었습니다. 조정에서는 들끓는 해적을 보고도 가만히 있다니, 어처구니가 없었습니다.

해적들이 물건을 강탈해 가고, 여자와 어린아이들을 붙잡아 가서 바닷가 마을은 쑥대밭이나 다름이 없었습니다.

'이거 안 되겠다. 임금님을 만나 뵈어야지. 나라에서 하지 않겠다면 내게 맡겨 달라고 해야겠어."

장보고는 금성을 향해 갔습니다.

"상감마마, 당나라에서 장군을 했다는 장보고라는 사람이 편지를 갖고 마마를 꼭 뵙겠다고 합니다."

한 신하가 임금에게 말했습니다. 신라 흥덕왕(제42대 왕) 3년 4월의 일이었습니다.

"무슨 일로 보겠다고 하느냐?"

"자세히는 말하지 않고, 이 편지를 보여 드리라 했습니다."

신하는 임금에게 편지를 올렸습니다. 그 편지는 장보고가 등주를 떠날 때 스님이 준 편지였습니다.

편지를 읽어 본 임금은 장보고를 불렀습니다.

"당나라에서 소장을 지냈다고?"

"예."

"소장이라면 높은 벼슬인데, 왜 버리고 돌아왔는가?"

임금이 의아해하며 물었습니다. 신하들도 모두 장보고를 보았습니다.

"마마, 그곳에서 우연히 노예로 팔려 온 신라 아이들을 보았습니다. 그 아이들은 모두 당나라 해적들에게 끌려온 아이들이었습니다."

장보고의 말에 임금은 깜짝 놀랐습니다.

"그게 사실이란 말이냐?"

"마마, 사실이옵니다. 지금 해안에는 해적들이 들끓어 백성들이 고통을 겪고 있습니다. 제가 당나라에서 돌아온 것은 그 해적들을 무찔러야 한다고 생각했기 때문입니다. 제게 청해(완도)를 맡겨 주십시오."

장보고는 보고 들은 것을 모두 임금에게 이야기해 주었습니다.

장보고 말을 들은 임금은 어이가 없었습니다. 해적들이 있다는 말은 들었지만, 신라 사람들을 잡아다 노예로 판다는 말은 처음 들었던 것입니다.

당황한 신하들은 임금의 눈치를 살피느라 정신이 없었습니다. 그들은 언제나, 모든 백성들이 편안히 살고 있다고 임금에게 말해 왔던 것입니다.

"저런 무엄한 놈이 있나!"

"감히 여기가 어디라고……."

신하들은 장보고의 입을 막으려고 했습니다.

그때, 한 신하가 임금 앞으로 나서서 말했습니다.

"상감마마, 나라가 이렇게 된 것은 저희 잘못이옵니다. 이런 때에 장보고가 나타난 것은 하늘의 보살핌이니, 그에게 바다를 맡기심이 좋을 줄로 압니다."

임금도 고개를 끄덕였습니다.

"그대는 어떤 계획을 가지고 있소?"

"예로부터 청해는 당나라와 일본을 잇는 길목입니다. 이 섬에 진을 세워 바다를 지키면 해적을 소탕할 수 있을 것입니다."

장보고는 자신에 차서 말했습니다.

장보고 말에 임금은 생각에 잠겼습니다.

정적이 흐르자 장보고는 가슴이 답답했습니다.

"상감마마, 제가 벼슬을 버리고 당나라에서 돌아온 것은 오직 신라를 위해서입니다. 날뛰는 해적을 그냥 놔두면, 나라가 어떻게 될지 모릅니다."

장보고가 애타는 목소리로 말했습니다.

임금도 장보고 말에 마음이 움직였습니다.

"잘 알았으니 물러가라. 내 그대를 다시 부를 것이다."

'백성들을 생각해야 하는 신하들이 전부 자기 배만 채우고 있구나…….'

장보고는 답답한 마음으로 대궐을 나왔습니다.

자세히 알아보기

장보고가 세운 절, 법화원

  통일신라 때 산둥반도와 장쑤성 등 신라인의 왕래가 빈번하였던 신라방에 세운 사찰을 신라원(新羅院)이라고 해요. 그 중 흥덕왕 때 장보고가 산둥반도 적산촌에 세운 법화원은 신라원 중에서도 가장 유명한 절이었어요.
  적산법화원은 일본 천태종의 효시인 엔닌 대사가 쓴 《입당구법순례행기(入唐求法巡禮行記)》에 자세히 나와 있어요.
  엔닌은 838년 일본 규슈(九州) 하카타를 출발하여 9년간(838~847) 당나라에 머물면서 그 동안의 행적을 일기로 썼는데, 장보고가 건립한 법화원의 행사와 모습과 규모 등을 기행문에 상세히 담았어요. 특히 2권에서는 "신라인 해상왕 장보고의 통치 아래 있던 중국 내 신라방이 베풀어 준 배려가 아니었으면, 돌아가기 힘들었다."라고 기록하고 있어요. 그는 귀

적산 법화원

국 후에 교토에 적산선원을 세웠어요.
　1988년 중국정부는 한중 양국의 우정을 기념하기 위해 적산 법화원의 복원공사를 시작해 1990년 5월에 개관했어요.
　법화원에는 총 다섯 채로 구성된 해상왕 장보고의 기념관이 있으며, 높이 8m의 거대한 장보고 동상을 비롯해 그의 생애를 알 수 있는 다섯 개의 전시실이 있어요. 주요 건물로는 석가모니 상이 있는 대웅보전을 비롯하여, 관음보살이 모셔져 있는 관음전, 그리고 대법당인 삼불전이 있어요.

복원된 법화원 전경

통일신라와 불교

　통일신라는 삼국을 통일한 뒤 백성의 마음을 하나로 모으기 위해서 불교를 장려했어요. 그래서 통일신라는 자연스럽게 불교문화가 발전하게 되었어요.
　이전까지 왕과 귀족들이 믿었던 불교는 백성들에게까지 전파되어 신라 사람들의 생활에 많은 영향을 미쳤지요. 이때부터 불교 경전을 공부하거나 어려운 수행을 하지 않아도 깨달음을 얻을 수 있다는 불교의 가르침은 백성들의 마음속에 자리 잡았어요.

통일신라에서 꽃피운 불교문화

　삼국을 통일한 신라는 고구려와 백제 문화를 수용하고 당나라 문화를 받아들여 높은 문화 수준을 이루어 냈어요. 또 불교를 국교로 받아들인 통일신라는 많은 사찰과 불상을 만들어 내면서 화려한 불교문화를 꽃피웠어요. 석굴암, 불국사, 성덕대왕 신종 등과 같은 불교와 관련된 다양한 문화재들도 이때 만들어졌지요. 특히 석굴암은 세계에서 유일한 인조 석굴로, 당시 신라 석공들의 정교함과 뛰어난 예술성을 엿볼 수 있어요.
　통일신라에서 불경을 인쇄하며 인쇄술도 발전했어요. 통일신라의 유물인 '무구정광대다라니경'은 부처의 말씀을 정리해 놓은 것으로 세계에서 가장 오래된 목판 인쇄물로 인정받고 있어요.
　통일신라의 미술은 삼국시대보다 세련되었으며 금관이나 장신구 등의 정교한 금속 공예가 매우 발달했어요. 통일신라의 유물 중 천마총 금관에서는 통일신라의 정교한 금속공예 기술을, 석굴암에서는 정교한 석조기법을 또한 불국사의 석가탑과 다보탑은 간결하고 장중한 느낌과 전체와 부분의 절묘한 비례를, 성덕대왕 신종은 풍부하고 화려한 장식을, 상원사 동종은 당시의 높은 과학 수준을 보여 주고 있어요.

왜적을 물리치고

궁궐에서는 밤이 늦도록 의논이 계속되었습니다.
"상감마마, 그는 천민의 자식입니다. 그런 그가 뭘 알겠습니까? 그에게 바다를 맡길 수는 없사옵니다."
"당나라에서 장군의 자리를 팽개치고 돌아온 것도 수상합니다. 그를 믿으시면 안 됩니다."
간신들은 자기들의 잘못이 들어날까 봐 장보고를 깎아내리기에 정신이 없었습니다.

이때, 임금 바로 옆에 앉아 있던 한 신하가 조용히 입을 열었습니다.

"마마, 장보고에게 바다를 지키게 하심이 좋을 것입니다. 나라를 위해 당나라에서 돌아왔다는 것은 진심인 것 같습니다."

'맞아, 그의 눈빛이 진실되어 보였어. 그러잖아도 청해 때문에 골칫거리가 아닌가?'

임금은 장보고의 늠름한 모습과 단호한 눈빛에서 마음을 정했습니다.

"장보고를 들라 하라."

다음 날, 아침 일찍 장보고는 대궐로 들어갔습니다.

"내 그대에게 군사 1만을 주고 청해진 대사로 임명하니, 청해에 진을 치고 도둑과 왜적으로부터 백성들을 잘 지키도록 하라!"

"상감마마, 이 목숨이 다할 때까지 나라를 지키겠습니다."

장보고는 기쁨의 눈물을 흘렸습니다. 흥덕왕 3년(828년) 여름의 일이었습니다.

장보고는 군사 1만을 이끌고 청해로 떠났습니다. 청해는 지금의 전라남도 남해에 있는 섬 완도입니다. 청해에 도착한 장보고는 섬에다 진지를 구축했습니다. 해적의 침략으로 움츠려 있던 섬은 갑자기 활기를 띠었습니다.

"야, 장보고 대사님이 오시니 이제 해적들이 꼼짝 못하겠지?"

"덕분에 우리도 편히 살 수 있을 것 같아."

섬사람들도 좋아했습니다.

'군사도 군사지만 바다에 나갈 배가 있어야 하잖아.'

장보고는 섬과 바닷가 마을을 수소문해 배 만드는 사람들을 모았습니다. 그 가운데 청해에 사는 이말동이라고 하는 노인이 있었습니다. 이말동 노인은 조상 대대로 배를 만드는 기술자였습니다.

"당나라와 왜적으로부터 우리나라를 지킬 수 있는 배를 만들어야 하오."

"예. 대사님, 제가 이번에 좀 더 크고, 빠른 배를 만들어 볼까 합니다."

"정말이오? 그거 아주 기쁜 일이군. 어서 빨리 만들어 주시오."

장보고는 곧 군사들에게 배 만드는데 필요한 물건을 구해 오게 했습니다.

청해진에는 배를 만드는 사람들의 톱질 소리와 망치질 소리가 그칠 날이 없었습니다.

장보고도 그 틈에서 땀을 흘리며 일했습니다.

마침내 한 척의 배가 만들어졌습니다.

이말동 노인은 배의 주위를 돌아보며 마름질을 했습니다.

"대사님, 배가 완성되었습니다. 어서 바다에 가서 타 보시지요."

장보고는 설레는 마음으로 직접 배를 몰았습니다.

'좋아. 이렇게 빠르고 튼튼한 배라면 어떤 해적이라도 문제없어.'

장보고는 흡족했습니다.

날이 갈수록 많은 배가 만들어졌습니다. 장보고와 군사들은 배를 만들고, 또 그 배를 타고 피땀 흘리며 훈련을 했습니다. 군사들은 땅에서 싸움보다 바다에서 싸움에 더 익숙하게 되었습니다.

장보고는 배를 만들랴 훈련을 시키랴 바빴지만 즐겁기만 했습니다. 군사들의 무술 실력이 하루가 다르게 늘어 갔고, 신라의 깃발을 단 배도 늘어 갔기 때문이었습니다.

장보고와 군사들이 훈련을 마치고 잠시 쉬고 있을 때였습니다.

'뚜우 뚜우 뚜우…….'

나팔 소리가 요란하게 울렸습니다. 장보고는 번개같이 일어나 칼을 집어 들었습니다.

군사가 장보고에게로 뛰어왔습니다.

"대사님, 왜구가 나타났습니다."

"알았다. 내 이놈들을 단칼에 무찔러서 다시는 우리 바다를 넘보지 못하게 하리라."

장보고는 포구로 나갔습니다.

군사들은 이미 대열을 짓고 있었습니다. 청해 앞바다에는 왜구의 배가 즐비하게 떠 있었습니다.

"우리는 이 날을 기다려 왔다! 왜구들을 모조리 쳐부수어 물고기 밥을 만들자."

장보고가 이렇게 외치자, 군사들은 우레와 같은 함성을 지르며 달려들었습니다.

"와아! 왜구를 쳐부수자!"

"더 이상 쳐들어오지 못하게 따끔한 맛을 보여 주자!"

청해진의 배 수십 척이 왜구를 향해 달려 나갔습니

다. 왜구들은 깜짝 놀랐습니다.

"아니, 언제 신라에 배가 저렇게 많아졌지? 저건 처음 보는 깃발이잖아!"

왜구들은 당황했습니다. 이런 일은 한 번도 없었기 때문입니다.

이전까지 신라의 해안 지대는 군사가 하나도 없는 무방비 상태였습니다. 그래서 당나라 해적이나 왜구들이 마음 놓고 들끓었던 것입니다.

"왜구의 배를 포위하라!"

장보고의 명령이 떨어지자, 장보고가 이끄는 배는 왜구의 배를 포위했습니다. 왜구의 배는 앞뒤로 장보고 배에 둘러싸였습니다.

"공격!"

장보고 명령에 불화살이 하늘을 수놓으며 왜구의 배로 날아갔습니다.

장보고가 이끄는 배는 왜구의 배를 들이받아 두 동강을 내는가 하면, 도망치는 왜구의 배를 끝까지 쫓아가 박살내었습니다. 한바탕 전투에 왜구의 배는 자취를 감추었습니다.

"대체 어떻게 된 일이지? 청해에 신라의 수군이 있다는 말은 못 들었는데."

"후퇴! 후퇴하라!"

목숨을 건지려고 왜구들은 도망치기에 바빴습니다. 장보고는 왜군을 일부러 놓아주었습니다.

"달아나게 내버려 두어라! 돌아가서 우리의 힘을 알리게 해야 한다. 그래야 두 번 다시 우리나라 해안에 얼씬도 못할 것이다."

장보고가 이끄는 청해진 첫 번째 싸움은 보기 좋게 승리를 했습니다.

청해진의 유적지

장도의 목책 유적

장도에 남아 있는 목책

장도의 남쪽 바닷가에는 해적들의 침입을 막기 위해 나무로 울타리를 쳐 놓았던 모양이 남아 있어요. 이것을 목책이라고 하는데, 목책의 둘레는 40~80센티미터 정도고, 300미터에 걸쳐 있어요. 목책의 밑 부분은 현재 전쟁기념관에 복원되어 있어요.

법화사 터

법화사는 장보고가 세운 절로 추정하고 있어요. 법화사는 청해진에 사는 사람들과 상인들, 당나라로 가는 승려들의 예배당이자 휴식처로 사용되었어요. 현재 국립문화재연구소에서 법화사 터에 묻혀 있는 유물들을 발굴하고 있어요. 옛 절터(건물지 7곳)와 기와편, 주름무늬병, 해무리굽 청자편, 백자편 등이 출토되었어요.

자세히 알아보기

 지금도 완도에는 장보고 이야기가 많이 남아 있어요. 장좌리 서쪽에는 장보고가 돌을 던져 맞혔다는 복바위가 있는데, 지금도 돌을 맞히면 복을 받는다고 전해져 와요. 그리고 청해진 군사가 당나라나 왜의 해적을 잡아서 가두었다는 옥당(獄堂)터, 청해진에 거주하던 군사들이 식수로 썼다는 청해정 터, 장보고가 부하들과 함께 앉아 회의를 하던 곳인 장군 바위, 장보고 가족들의 무덤이라는 장보고 가족묘 등이 남아 있어요.

장도 청해진 유적지 전경   장보고 동상

바다의 사나이

 장보고는 훈련장에 모닥불을 피우고, 군사들에게 술과 고기를 마음껏 먹게 해 승전을 축하했습니다. 군사들은 신이 나서 목청껏 노래를 불렀습니다.
 그 뒤로도 장보고는 곳곳에서 나타나는 해적들을 무찌르려 먼 바다에까지 나가 싸웠습니다. 장보고는 모든 전투에서 승리했습니다. 장보고가 이끄는 배가 나타나기만 하면 해적들은 꼬리를 빼고 달아나기 바빴습니다.

그런 어느 날이었습니다.

임피군(지금의 군산)에 당나라 해적이 나타났습니다. 임피군은 청해진에서 멀리 떨어진 곳이었습니다. 장보고는 그 즉시 수군을 이끌고 임피군으로 갔습니다. 하지만 당나라 해적들은 이미 여러 마을을 쑥대밭으로 만들고 해안을 벗어나고 있었습니다.

장보고는 해적들의 배에 신라 사람이 잡혀 있을 것 같아, 당나라 해적이 타고 있는 배를 공격을 하지 않았습니다. 공격을 했다가는 신라 사람들도 해를 입을 것이기 때문입니다.

"공격하지 말고 당나라 배를 천천히 따라가기만 해라. 해적의 두목을 잡아야 해. 그래야 잡혀가는 우리 백성들을 구할 수가 있다."

'저들이 뭐하자는 거지?'

당나라 해적들은 공격도 하지 않고 따라오기만 하는 장보고의 배를 보고 이상하게 생각했습니다. 해적들이 배를 멈추면 장보고의 배는 슬슬 물러서고 앞으로 가면 다시 따라가곤 했습니다.

"바로 저 배다! 저 배에 두목 놈이 타고 있다."

장보고는 배를 살펴보다가 해적 두목이 탄 배를 발견하고는 쏜살같이 뒤쫓아가 공격을 했습니다. 두목은 소리를 지르며 맞서 싸웠습니다. 그러나 날쌔고 용감한 장보고의 군사들을 당해 낼 수가 없었습니다.

장보고는 배를 몰아 해적의 배로 건너가 두목과 싸웠습니다.

해적 두목은 죽을힘을 다해 싸웠지만, 장보고의 상대가 되지 못했습니다.

"번쩍!"

장보고의 칼이 허공을 가르자 해적 두목은 비명을 지르며 쓰러졌습니다.

"너희 두목이 내 손에 잡혔다. 모두 순순히 항복하라!"

장보고가 해적선들을 향해 소리치자, 부하들은 손을 들고 항복했습니다. 장보고가 해적을 무찌르자 잡혀 있던 신라 사람들은 풀려났습니다. 남은 해적들은 당나라에 보내 벌을 받게 했습니다.
　장보고는 밤낮 없이 바다를 지켰습니다. 매일 배를 해안 곳곳에 보내 해적들을 감시하고, 고기를 잡는 어부들을 지켜 주었습니다. 뿐만 아니라 당나라로 물건을 사러 가거나 팔러 가는 사람들을 태워다 주기도 했습니다.

해적들은 이제 신라의 바다에는 한 발도 들여놓지 못했습니다. 신라의 깃발을 단 배만 보아도 도망치기 바빴습니다.

'내 꿈이 드디어 이루어졌구나. 백성을 지키고 신라의 이름을 드높였으니, 이제 무엇을 더 바라겠는가.'

장보고는 마음이 든든했습니다.

해적들이 꼼짝 못한다는 소식을 들은 임금도 매우 기뻐했습니다.

장보고 이름은 신라에 뿐만 아니라, 당나라와 일본에까지 널리 알려졌습니다. 배를 타고 먼 곳으로 갈 때는 다른 나라에서도 장보고에게 도움을 청할 정도였습니다. 장보고는 그야말로 바다의 왕이었습니다. 바다에서는 어느 누구도 장보고를 당해 낼 수가 없었습니다.

왜구와 당나라 해적들이 조용해지자 장보고와 군사들은 할 일이 없어졌습니다. 장보고는 깊은 생각에 잠겼습니다.

'이렇게 놀고 있을 수는 없어. 이 청해진을 무역의 중심지로 만들자. 당나라와 일본에 물건을 팔면 많은 돈을 벌 수 있을 거야.'

장보고는 돈이 필요했습니다. 나라에서 군사 비용을 대지만 그것만으로는 1만 명이나 되는 군사를 먹여 살리는 일이 벅찼기 때문입니다. 장보고는 생각 끝에 포구에 묶여 있는 배를 이용하기로 했습니다. 전쟁이 없어 한가한 배에 물건을 싣고 군사들의 보호를 받으며 당나라나 일본에 가서 팔고, 일본이나 당나라 물건을 사다가 신라에 팔면 돈을 벌 수 있을 것 같았습니다.

장보고는 이 계획을 실천에 옮겼습니다. 당나라와 일본에도 사람을 보내 이 사실을 알렸습니다.

"아주 좋은 생각입니다."

두 나라에서는 아주 잘된 일이라고 환영했습니다.

장보고 때문에 신라에 가지 못하게 된 해적들이 바다에서 장삿배를 터는데, 장보고가 무역에 손을 대면 해적들은 더 이상 날뛰지 못할 것이기 때문이었습니다.

청해진에는 물건을 가득 실은 당나라와 일본 배로 북적거렸습니다. 여러 나라의 진귀한 물건들이 넘쳐나고 도시는 활기가 넘쳤습니다. 이 소문을 들은 신라 사람들이 청해진으로 몰려들었습니다.

"청해진에 진귀한 물건들이 많다면서요?"

"그곳에는 없는 것이 없다고 하더군요. 값도 아주 싸대요."

장보고는 장사를 하는 틈틈이 물건을 안전하게 운반해 주는 일도 했습니다.

청해진은 점점 번창해졌습니다. 청해진을 거치지 않고서는 무역을 하지 못할 정도였습니다.

자세히 알아보기

장보고를 기념하는 행사

장보고 축제

장보고 축제는 1995년부터 시작되었어요. 완도 출신 장보고 대사의 숭고한 업적과 해양개척정신을 계승하고, 완도군의 홍보를 목적으로 매년 5월에 개최하고 있어요.

장좌리 당제

장좌리 당제는 마을공동체 제의로 매년 음력 1월 15일 아침 6시부터 청해진유적지에 있는 당집에서 지내는 제사예요. 장보고대사를 비롯하여 정년장군 송징장군 혜일대사 등 네 분에게 제사를 지내고 있어요.

큰 별이 지다

 청해진이 무역의 중심지가 될 무렵인 836년 12월, 흥덕왕이 세상을 떠났습니다. 왕의 뒤를 이을 아들이 없자, 왕족들은 서로 왕이 되려고 했습니다. 흥덕왕이 뒤를 이을 후계자를 정하지 못하고 죽었던 것입니다.
 "돌아가신 임금의 사촌동생 김균정이 새 임금이 되어야 하오."
 "아니오! 종질(사촌 형제의 아들)인 김제륭이 왕위에 올라야 하오."

신하들은 두 패로 나뉘어 서로 왕을 세우겠다고 싸웠습니다.

김균정은 장보고를 청해진 대사가 되게 한 김우징의 아버지였습니다. 대부분의 사람들이 임금의 사촌동생인 김균정이 왕이 되어야 한다고 생각했습니다. 그러나 김제륭을 받드는 신하들은 자기들의 출세를 위해 그를 왕의 자리에 앉히려고 했습니다.

김우징은 김예징과 김양 등 가까운 사람들을 그의 집으로 불렀습니다.

"간신 김명이 김제륭을 왕위에 앉히려고 하나, 이는 안 될 말이오. 임금의 동생이 버젓이 살아 있는데, 어찌 조카가 왕이 된단 말이오?"

잠자코 듣고 있던 두 사람은 고개를 끄덕였습니다.

"우리는 목숨을 걸고 이를 막아야 하오. 내 아버지를 왕으로 받들려는 것이 아니라, 잘못된 일을 바로잡아야 하기 때문이오."

김우징의 말에 김양이 대답했습니다.

"물론입니다. 우리도 대감 부친께서 왕이 되기를 바랍니다. 힘이 없지만 돕겠습니다."

김예징도 입을 열었습니다.

"김명은 성질이 아주 급하니 어서 군사를 일으켜 그의 세력을 막아야 합니다."

이런 의논을 하고 있을 때, 갑자기 바깥이 소란스러웠습니다.

밖으로 나온 그들은 그 자리에 우뚝 서고 말았습니다. 김명의 군사들이 쳐들어온 것입니다.

세 사람은 있는 힘을 다해 김명의 군사들과 싸웠지만, 갑자기 당한 일이라 그들을 당해 낼 수 없었습니다. 몸을 피하려던 김균정은 그들의 칼을 맞고 쓰러졌고, 김우징은 사로잡히고 말았습니다.

"이제 신라의 왕은 하나가 되었구나!"

김명이 칼을 높이 쳐들고 외쳤습니다.

이제 김제륭은 아무것도 두려울 것이 없었습니다.

다음 날 김제륭이 왕위에 오르니, 이가 곧 신라의 제 43대 왕인 희강왕입니다.

옥에 갇힌 김우징은 아버지를 잃고 왕의 자리까지 빼앗긴 것이 분했습니다. 그러나 이제 그를 도와줄 사람

은 아무도 없었습니다.

'새 왕은 나를 해칠 것이다. 어서 이곳에서 도망쳐 청해진의 장보고를 찾아 이 억울함을 알려야 한다. 그는 나를 도와줄 것이다.'

그날 밤 김우징은 가족을 데리고 뒷날을 기약하며 도망쳤습니다. 희강왕 837년(희강왕 2년) 때의 일이었습니다.

김우징은 돈이 없어 밥을 얻어먹고, 잠은 추녀 밑이나 헛간에서 자며 청해진으로 갔습니다. 거지와 다름없는 꼴이었습니다.

'최고의 벼슬자리에 있던 내가 거지꼴이 되다니.'

김우징은 언젠가는 이 원수를 꼭 갚고 말겠다고 벼렀습니다.

걷고 또 걸어 청해진에 닿았습니다. 참으로 고통스러운 길이었습니다.

"장보고 대사를 만나러 왔소."

"이런 거지꼴을 하고는 대사님을 뵈러 왔다고?"

군영 정문을 지키는 병사가 김우징을 보고 코웃음을 쳤습니다.

"어서 대사에게 김우징이 왔다고 전해 주시오."

"김우징이 누구냔 말이다. 지금 안 계시니 썩 물러가라."

병사는 안으로 들어가겠다는 김우징을 밀었습니다. 김우징은 비틀거리다가 병사를 붙잡고 넘어졌습니다.

그때 요란한 말발굽 소리와 함께 장보고가 돌아왔습니다. 정년과 함께 고향 마을을 둘러보고 오는 길이었습니다. 정년은 얼마 전 당나라에서 돌아와 장보고와 함께 머물고 있었습니다.

"대사! 나 김우징이오."

장보고는 말을 타고 김우징의 얼굴을 바라보았습니다.

"아니, 어떻게 된 일입니까? 나리께서 이런 꼴이 되시다니……."

장보고는 얼른 말에서 내려 김우징을 데리고 들어갔

습니다.

"대강 소식은 들어서 알고 있습니다. 그렇지만 이렇게까지 되신 줄은 몰랐습니다."

장보고가 말하자 김우징이 입을 열었습니다.

"장 대사, 저들이 내 목숨을 노리고 있어 도망쳐 온 것입니다."

"염려 마십시오. 제가 지켜 드리지요."

장보고는 김우징에게 은혜를 갚아야겠다고 생각했습니다.

장보고의 안내를 받으며 청해진을 둘러본 김우징은 놀라 말을 잇지 못했습니다. 수많은 군사와 배, 산더미 같은 물건들, 부유한 마을 사람들을 보고 넋을 잃었던 것입니다.

'장보고는 이제 부러울 것이 없겠구나. 신라의 왕도 청해진의 군사는 못 당하겠는걸.'

김우징이 장보고에게 가 있다는 소문이 있자 김예징, 김양순 등이 달려왔습니다. 장보고는 그들도 받아 주었습니다.

그 후, 김양도 청해진으로 와서 김우징을 만났습니다.

"희강왕이 자살하고, 김명이 그 자리에 앉았습니다."

그 말에 김우징이 깜짝 놀라 말했습니다.

"그게 정말이오?"

김우징은 몸을 부르르 떨었습니다.

김제륭이 왕위에 오르는 데 큰 힘을 써, 상대등이라는 최고 벼슬에 앉은 김명은 자기 세력을 넓히려 왕과 가까이 지내는 신하들을 닥치는 대로 몰아냈습니다.

　김명 일파의 속셈을 알아차린 희강왕은 그 세력을 제거하려고 애썼으나 실패로 돌아가자, 스스로 목숨을 끊은 것이었습니다. 그러자 김명은 왕위에 올라, 제44대 임금인 민애왕이 되었습니다.

　희강왕 3년(838년) 1월의 일이었습니다.

　"김명이 끝내 일을 저지르고 말았구나. 이 원수는 꼭 갚고야 말리라."

　"옳은 말씀입니다. 어찌 그를 임금으로 모실 수 있겠습니까."

　장보고는 묵묵히 듣고만 있었습니다.

　김우징은 답답한 마음에 바닷가로 나갔습니다.

　'김명이 왕이 되다니, 말도 안 된다. 그를 쳐부숴야 한다. 그런데 내게는 힘이 없구나.'

　김우징은 바닷가를 거닐며 장보고를 생각했습니다.

　장보고에게는 1만의 군사가 있었습니다. 그의 군대

는 신라에서 가장 강했습니다.

'장보고라면 김명을 치는 것쯤이야 아무것도 아닐 텐데.'

그러나 김우징은 쉽게 말을 꺼내지 못했습니다. 장보고가 어떤 생각을 하고 있을지 몰라서였습니다. 얼마 후 김우징은 단단히 마음먹고 장보고를 찾았습니다.

"대사! 나를 도와주시오. 나라가 어지러워 바로 잡아야겠습니다. 대사의 군사라면, 김명(민애왕)을 칠 수 있습니다."

장보고는 눈을 감고 생각에 잠겼습니다. 왕을 죽여 반역을 한 것이나 다름없는 김명은 분명히 대역 죄인이었습니다. 또, 그가 왕이 된다면 나라를 바로잡을 수 있을 것 같았습니다. 장보고는 허락했습니다.

"좋소."

"고맙소, 대사. 일이 잘 되면 대사의 딸을 내 며느리로 맞아 태자비로 삼을 것이오."

장보고는 정년에게 5천 명의 군사를 주어 김우징과 함께 김명을 치게 했습니다.

그 해 12월, 준비를 마친 김우징은 난리를 평정해 태평한 세상을 만들려는 군대인 반정군을 이끌고 금성을 향해 진격했습니다. 반정군은 쉽게 무주(지금의 전라남도 광주)를 함락했습니다. 이 소식을 들은 신라의 조정은 몹시 당황했습니다.

"어서 반정군을 쳐부숴라."

민애왕은 김민주에게 군사 5천 명을 주어 반정군 토벌을 명했습니다. 그러나 반정군은 이르는 곳마다 조정의 군사를 물리치고, 다음 해 1월에는 달구벌(지금의 대구)에 이르렀습니다. 달구벌에서 얼마 떨어지지 않은 금성의 왕궁에 있던 민애왕은 어찌할 바를 몰랐습니다.

민애왕은 다시 반정군을 막게 했으나, 싸움다운 싸움 한 번 해보지 못하고 패하고 말았습니다. 그러자 반정군의 사기는 하늘을 찌를 듯했고, 민애왕의 군사는 도

망치기에 바빴습니다.

　마침내 물밀듯이 쳐들어온 반정군에게 민애왕은 목숨을 잃고 김우징이 새 왕이 되었습니다. 이가 바로 제

45대 임금인 신무왕입니다. 신무왕은 장보고에게 감의군사라는 높은 벼슬을 주었습니다. 그러나 신무왕은 왕위에 오른 지 일 년도 못 되어 병에 걸려 죽고, 그의 아들 김경응이 새 왕이 되었습니다. 이가 제46대 임금인 문성왕입니다.

 문성왕은 장보고의 은혜를 잊지 않았습니다. 아버지 김우징을 도와 자기를 왕이 되게 한 장보고에게 진해 장군이라는 벼슬을 또 내렸습니다. 그러나 장보고는 기뻐하지 않았습니다. 그의 딸을 며느리로 삼겠다고 약속한 김우징이 죽었기 때문이었습니다.

 '내 딸이 불쌍하구나. 태자비가 된다고 좋아했는데.'

 신무왕이 살아 있을 때 몇 번이나 약속했던 일입니다. 그도 장보고와의 약속을 지키고 싶었습니다. 그러나 신하들이 강력히 반대하고 나섰습니다. 장보고의 공이 큰 것은 사실이지만, 천한 고기잡이 집안의 딸을 왕비로 맞을 수 없다는 것이었습니다. 그러면서도 신하들은 장보고를 두려워했습니다. 장보고가 마음만 먹으면 신라의 왕이 될 수 있을 것이라고 생각했던 것입니다.

1만 명이나 되는 그의 군사에 왕도 겁내고 있었습니다. 신하들은 그를 두려워하여, 눈엣가시처럼 여기고 있었습니다.

이 무렵, 장보고의 딸 난희는 먼 하늘만 멍하니 바라보며 넋을 잃은 듯 지내고 있었습니다. 그런 딸을 보는 장보고의 마음은 찢어질 듯 아팠습니다. 보다 못한 장보고는 화가 치밀었습니다.

"고얀 것들! 나 때문에 왕이 되었는데 은혜를 저버리다니."

장보고는 괴로움을 잊으려 술만 퍼마셨습니다. 조정의 신하들은 불안에 떨며 장보고에 대해 의논했습니다.

"장보고의 움직임이 심상치 않아요."

"우리가 혼인을 반대했다는 것을 알면, 장보고가 가

만두지 않을 것이오."

"그와 싸우는 것은 어리석은 짓이오. 내게 좋은 수가 있소."

쑥덕거리던 그들은 염장이라는 장군을 불렀습니다. 그는 장보고의 부하였는데 지금은 금성에서 벼슬을 하고 있었습니다.

"이 일만 성공하면 자네에게 큰 벼슬을 주겠네. 어서 청해진으로 떠나게."

품속에 날카로운 칼을 품은 염장은 서둘러 청해진으로 갔습니다. 장보고는 염장을 반갑게 맞았습니다.

"대사님, 조정은 썩어 빠진 신하들로 가득 차 썩은 냄새로 코를 못 들겠습니다. 그러니 저를 다시 이곳에 있게 해 주십시오."

염장은 땅을 치며 분한 척했습니다.

장보고는 침통한 얼굴로 염장의 말을 조용히 듣고 있다가 그를 위해 잔치를 베풀어 주었습니다. 장보고는

염장이 함께 있겠다고 해 즐거운 마음으로 마음껏 술을 마셨습니다.

'조금만 더 마셔라, 정년도 없겠다.'

염장은 장보고에게 계속 술을 따라 주었습니다. 밤은 깊어만 갔습니다.

군사들은 모두 술에 취해 곯아떨어졌습니다. 술에 취한 장보고도 정신없이 곯아떨어졌습니다.

염장은 도끼눈을 뜨고 주위를 살폈습니다. 그리고 품 안에서 칼을 꺼내 장보고의 가슴을 찔렀습니다.

"아니! 네가……."

장보고의 가슴은 순식간에 피로 물들었습니다. 장보고는 눈을 뜬 채로 숨을 거두고 말았습니다. 문성왕 8년(846년)의 일이었습니다.

장보고가 세상을 뜨자 청해진 앞바다 파도는,

'철썩, 처얼썩.'

밤새도록 울었습니다.

　장보고가 죽은 뒤 5년 후인 문성왕 13년(851년)에 신라 조정은 청해진마저 없애 버렸습니다. 신라의 국운은 나날이 기울어져 갔습니다.

장보고의 생애와 업적

연대	나이	장보고의 생애와 업적	세계의 역사
?		어부의 아들로 태어남. 어렸을 때부터 활을 잘 쏘아서 궁복이라고 불림. 장군이 되고 싶은 마음에 열심히 무예를 닦았으나, 신분이 미천하여 장군이 될 수 없다는 사실을 알고 큰 실망에 빠짐. 당나라에서는 신분에 상관없이 장군이 될 수 있다는 말을 듣고 당나라에 갈 것을 결심함.	카롤루스 대제에 의해 프랑크 왕국이 통일 됨. (771)
?		동네 친구들과 함께 당나라에 도착했으나, 나머지 친구들은 집으로 돌아가고, 평생의 친구인 정년과 함께 당나라에 머무름. 당나라의 한 가게에서 무예와 당나라 말을 익힘.	
820		정년과 함께 무술 대회에 나가서 장원으로 뽑히고, 당나라 황제로부터 군관 벼슬을 받음. 무령군 소장이 됨. 등주에 갔다가, 많은 신라 사람들이 해적들에게 붙잡혀 노예로 팔린다는 것을 알게 됨. 해적을 소탕할 목적으로 신라에 돌아옴	왕위 쟁탈을 문제로 김헌창이 반란을 일으킴. (822)

연대	나이	장보고의 생애와 업적	세계의 역사
828	?	흥덕왕에게 해적을 소탕할 것을 건의했으나, 대신들의 반대로 어려움에 부닥침. 김우징의 도움으로 건의가 받아들여짐. 청해진 대사로 임명됨. 신라의 해안 지대에 나타난 해적과 왜구를 소탕하여, 이름이 널리 당나라와 일본에까지 알려짐. 해적이 사라지자, 당나라와 일본과 무역을 시작함. 청해진이 점점 번창하여 무역의 중심지가 됨.	잉글랜드 왕국이 성립됨. (829)
837	?	왕위 쟁탈전에서 패배하여 찾아온 김우징을 옛날의 은혜를 생각하여 돌봐 줌.	
838	?	군사 5천 명을 주어, 왕이 되려는 김우징을 도움. 김우징이 왕위에 오르자 감의군사에 임명됨. 김우징이 죽고 그의 아들이 왕위에 오름. 딸을 왕비로 맞겠다는 약속을 어김.	
846	?	조정 대신들의 사주를 받은 옛 부하 염장에 의해 살해됨.	베르뎅 조약으로 프랑크 왕국이 세 왕국으로 분할 됨. (843)

생각 나무 키우기

네 가지 질문을 깊이 생각하고 생각을 정리해서 글로 써 보세요.
여러분의 생각 나무가 쑥쑥 자라날 거예요.

1 신라에서 어부는 천한 사람이라서 장군이 될 수 없었다고 합니다.
만약 여러분이 장보고의 처지에 놓였다면 어떻게 할 건가요?

_____

_____

_____

2 정년과 장보고의 나라에 대한 생각이나 행동을 보고 어떤 생각이 드는지
솔직하게 이야기해 봅시다.

_____

_____

_____

3 장보고는 어이없는 죽음을 당했습니다.
장보고에게 칼을 들이댄 염장은 어떤 잘못을 했나요?

_____

_____

_____

4 신라시대의 무역과 지금의 무역은 어떤 점이 다를까요?
생각해서 정리해 봅시다.

_____

_____

_____